Уређује
Новица Тадић

Ликовна опрема
Добрило М. Николић

Реализација
Аљоша Лазовић

знакови поред пута

Момчило Стојановић

ОБНОВИ
ТЕЉИ

роман

Рад / Београд
1997

Дужни смо да укажемо како су сви јунаци ове хронике истинити, или бар личе као јаје јајету на личности из стварног света, па било да они живе на нашем Југу, или на Дедињу, или чак у Белој кући у Вашингтону... У том погледу приповедач нема никакве могућности да употреби познату ограду: да је свака сличност случајна.

ПРВИ ДЕО

1.

Из паперјастог облачића изрони двокрилна силуета и поче да се спушта према Домановићградском аеродрому. Та метална птица намах узнемири раскриљеног орла на небу, који се усмери према Белим стенама, свом старом и још увек најпоузданијем пребивалишту.

Али наилазак авиона изазва узнемирење и на земљи. Војно особље, које се готово досађивало, јер ваздушно пристаниште већ две године није функционисало, сада се ужурбало како би прихватило летилицу. Да све буде још замршеније, то није био војни већ цивилни авион. Један једини путнички авион виђен је ту још пре готово две деценије, на сам дан свечаног отварања Аеродрома. Како су се исти путници истог дана вратили назад истим тим авионом, Аеродром је неко време престао с радом, да би га потом преузела војска и ту држала малу ескадрилу. А кад је земљу захватила ратна пометња, ескадрила је пребачена на оперативније место, па је Аеродром опет опустео. И сада – наједном ваља отворити пристаниште и прихватити летилицу, и то не војну, већ цивилну! Отуда код војника, који су навикли на устаљени ред, не мала пометња.

Истини за вољу, ни процедура око дозволе за слетање цивилног авиона није текла глатко. Кад је из Београда затражено одобрење за малу *цесну,* и то приватну, с Домановићградског аеродрома суво је узвраћено да то не долази у обзир јер се објекат искључиво користи у војне сврхе. Али ни путници *цесне* нису се дали: војска је, узвратили су, само привремени корисник Аеродрома, али он је саграђен цивилним средствима, те је према томе био и остао цивилни.

– То ћемо сместа проверити! – узвратио је на телефону начелник Аеродрома. Био је то мајор Облак Секулић.

Све је растегљиво, па и то „сместа". Провера се отегла на читава два дана. Између осталог, ваљало је испитати ко су ти упорни и дрски путници, истина мале, али по војни објекат потенцијално опасне, *цесне*. Ствар је стигла чак до Генералштаба, где је најзад надлежни ваздухопловни генерал пресекао: „Дозволити цивилно слетање..." Следило је строго поверљиво наређење како поступити приликом прихвата авиона.

И ево сада мале али пргаве *цесне* како пикира на писту, већ се увелико чује и њен пропелер како зуји као осица. А тек кад је авиончић додирнуо бетон, све недоумице око његове припадности, ако их је још неко имао, распршиле су се као мехур од сапунице. Ни помена о сивомаслинастој боји – био је сав бео. Будући да нису видели препознатљиву и њима присну боју, војници су се накострешили и сместа заузели агресиван положај.

2.

Чим је *цесна* дорулала пред пристанишну зграду, из ње је најпре искочио пилот, па троје путника – два мушкарца и једна жена. Авион се није дуго задржавао. Пошто је истоварио пртљаг, пилот се руковао са својим путницима, попео се у кабину и закотрљао авиончић ка писти, да би га ускоро узлазном путањом усмерио према северу.

Ко су приспели путници, за војнике на Аеродрому – уљези?

Квалификација „уљези" неће бити прејака будући да је реч о Американцима. Истина, двоје од њих су овдашњег порекла, али свеједно, у време затворености државе, на сваког незваног госта мора се гледати с подозрењем.

Све троје, обучени лежерно, туристички, били су средовечни. Жена, малкице заобљена црнка, с лепих четрдестак година; један мушкарац такође црномањаст, коју годину старији, стасит, али и он лепо попуњен; други дамин пратилац танак и висок већ педесетогодишњак, с риђим брковима и пегав – свакако сподоба каква се ретко среће у овим крајевима.

Читалац првог дела наше домановићградске хронике[*] овде ће се сетити да је већ упознао ово троје јунака, истина кад су имали по неких двадесетак година мање. Реч је о брату и сестри Спасић, Александру, краће Саши, и Слађани, Слађи, док је риђокоси Слађих супруг, Американац шкотског порекла, Џон Мекдоналд.

Након две деценије поново се наћи у завичају, за Сашу и Слађу представља не мало узбуђење.

– О, мај Гад, како је овде чист ваздух! – ускликну Слађа.

– Јес – сложи се Саша. – Гле, добро се држи и Аеродром...

Не стиже да заврши мисао јер тог тренутка његов поглед привуче неко, најблаже речено, чудно мување на тераси пристанишне зграде. Најпре се видела цев аутомата, затим и глава војника под шлемом како фиксира уљезе. Након тога су наши путници, као на квизу *ко ће пре,* откривали сличне наоружане и маскиране сподобе и на торњу с радаром, и иза углова аеродромске зграде и оближњег хангара, па и иза џипа паркираног на двадесетак метара од њих.

Неука за војне ствари, Слађана напући усне и са својим торбама крену ка аеродромској згради. Али не и њени пратиоци. Посебно је накострешено понашање аеродромског особља оставило ути-

---

[*] Роман *Покровитељи,* издање *Апострофа,* Београд 1995.

сак на Школа. Остао је слеђен у тренутку кад је подизао две своје велике путне торбе, пиљећи у Сашу. Одједном му је синуло да је ово ратно подручје, да све што је о томе читао у америчкој штампи сада овде добија потврду.

3.

Не хајући много за „хладан" дочек, боље рећи ниподаштавајући га, Слађана је већ била у холу аеродромске зграде кадли се пред њом створи лично мајор Секулић. Она није знала да је он баш мајор, јер се у чинове није разумела, али је по еполетама оивиченим златастим ширитом, а посебно по крутом и шепурећем ставу њиховог носиоца, закључила да је он овде главни. Женска интуиција није је у томе преварила. И она готово по инерцији крену у контранапад са своја два опасна гарава ока. Мајор намах претрну од неке слаткасте језе која је прострујала његовим телом. Кад се мало прибра, будући војник школован да реагује адекватно у датој ситуацији, мајор закључи како је његова маркантна појава оборила с ногу дражесну гошћу. Како би показао да је и прави џентлмен, он јој се наклони и издекламова извињење што се процедура око одобравања за слетање њиховог авиона мало отегла. Али војска је то, има своја правила, једна дама то не мора да зна, али господа њени пратиоци свакако ће све боље разумети. Онда заврши лирски акорд:

— Да сам могао претпоставити да је међу путницима и једна овако... – мајору понестаде инспирација за прави епитет – овако лепа дама, сам бих се лично заузео да вас што пре видим на мом ваздушном пристаништу!

Слађу није изненадила оваква мајорова реакција. Она је већ поодавно научила како брзо и лако да разоружава припаднике јачег пола, поготово кад јој је то потребно. А овога пута било је то итекако неопходно јер је желела да се ослободи страха због цеви уперених са свих страна. Будући да је њена нова жртва брзо смекшала, Слађана уз олакшање осети потребу и да се подсмехне униформисаној креатури пред собом. И она се осмехну. Уверен тиме још чвршће у наклоност лепе даме, усто још и Американке, мајор Секулић развуче своје танке усне испод брчића у широк осмех.

– Шта је ово, господине мајоре?! – прилази Саша, у пратњи пребледелог Шкота, и кружењем главе показује на цео Аеродром. – Да не очекујете ваздушни напад? – упита иронично.

– О, не – предусретљиво узврати мајор Секулић. Затим се потруди да буде уверљив: – Нема овде рата, рат је далеко, тамо у Босни.

– Онда чему оволика борбена готовост? – истеривао је своје Саша, ослобађајући се тако малопређашње нелагодности. – Или смо ми ипак некаква претња...

– Таман посла! – преподоби се мајор. – Ви сте добродошли. Али ваш долазак, заправо слетање вашег авиона, послужило нам је да симулирамо једну вежбу. Знате, војска стално мора да се обучава, а нама се овде у последње време ретко указује прилика...

Мајор се уједе за језик, али већ се избрбљао да је вежба била уприличена у „њихову част". Он једини је на Аеродрому знао о чему се ради и, као војни заповедник, морао је да сачува тајну. А ствар је запараво стајала овако. Кад је оно стигло одобрење из Генералштаба о прихвату цивилног авиона у Домановићграду, у шифрованој наредби стајало је и следеће: „Искористити повољну прилику за вежбу у условима ратног окружења." Потписао ју је лично начелник за противваздушну одбрану. Мајору Секулићу наредба је била и јасна и нејасна. Знао би он какву вежбу да изведе да којим случајем слеће неки војни, по прилици амерички авион, али овде је реч о маленој, цивилној летилици, а само су путници амерички држављани, и то не сви прави, будући да су двоје пореклом баш из Домановићграда. Али, као дисциплиновани војник, наредбу је примио без поговора и почео да конципира вежбу. Кад би имао авионе, размишљао је, послао би најмање два ловца пресретача да још у ваздуху извиде каква је то цивилна летилица, није ли можда камуфлирани шпијунски авион. Овако, без авиона, његов аеродром био је узлетиште без птица које лете, просто речено кокошарник. Али, шта је ту је. Да не би испало да се оглушио о генералштабну наредбу, један час пре најављеног слетања цивилног авиона мајор Секулић ће издати заповест свом воду, стационираном на Аеродрому, да у пуној борбеној готовости запоседне све кључне тачке и будно мотри на слетање цивилног, или можда, ко ће га знати, камуфлиране шпијунске летилице. Притом, обезбеђење Аеродрома мора бити спремно да адекватно одговори на сваку евентуалну провокацију. О томе ће добити наређење у правом моменту.

Мајор је, дакако, имао у виду војну вежбу, али војницима то није рекао како би „игра" била уверљивија. Сад он увиђа да су његови потчињени, у ратној психози због сукоба у Босни, ствар схватили исувише озбиљно. „Идиоти!" процеди у себи мајор Секулић, „да ми овако преплаше госте. Шта ће о нама мислити једна дама? Да смо дивљаци? Војна хунта? Видеће они свога бога!"

Што је ратничка игра на Аеродрому уплашила једну даму, то је природно, али откуд толико страха код њених пратилаца, посебно код једног Шкота, припадника иначе храбре и ратничке нације? Ваља имати у виду малу предисторију. Пре свега, он није баш радо кренуо на овај пут, али никако није могао да одбије Слађу, своју најслабију тачку у досадашњем животу. Био је усто накљукан вестима о ратним дивљањима у Југославији, па кад се нашао на нишану војника под шлемовима, одмах је рекао себи „то је то". А кад је још поменута Босна, затресле су му се гаће, поред његове шкотске храбрости.

– Јесмо ли у Босни? Шта каже официр? – салетао је узнемирујућим питањима на енглеском своју Слађу.

– Ама ништа, нека вежба – насмеши се она како би улила самопоуздање у свог Шкота.

– Али, Босна...

– Босна је, мистер, далеко – с надменим смешком узврати и мајор Секулић на енглеском са српским акцентом. – Овде је мирно, компри?

– Олрајт – усиљено се насмеши и Шкот не би ли показао да се ни он више не плаши.

Саши се журило, доста му је овог аеродрома. Запита може ли се однекуд наручити такси, па их мајор позва у своју канцеларију. За њим пођоше само Саша и Слађа, док Шкот остаде да припази на пртљаг. Ако су га уверили да овде не прети опасност да се остане без главе, није био толико сигуран да се не може остати без ствари.

У канцеларији, пак, мајор је неколико пута покушао да добије везу с градском такси-службом, али неуспешно. Својски се трудио јер је стално на себи осећао топле очи „Американке" и хтео је да се покаже. Петљао је још мало с телефоном, а онда је одлучио да гостима великодушно понуди свој џип. Док су напуштали мајорову канцеларију, Саши се врати малопређашња слика џипа са војницима на положају иза њега, али је одлучио да више не показује никакав страх.

– Мајор ће нас превести – похвали се Слађа свом мужу у аеродромском холу.

Океј, прихвати Џон, сместа зграби своје торбе и крену према излазу. За њим пожури и Саша. Слађана се, међутим, понашала опуштено.

– Слацо, дусо, каман! – довикну јој Џон излазећи из зграде.

– Ко вам је овај? – излете мајору.

– Па, рецимо муж – насмеја се Слађа.

Разочаран, мајор једва да се сети да понесе ствари, дами која је стрпљиво чекала на тај каваљерски гест. Међутим, није своје госте сам повезао, него их је препустио војнику-шоферу, који за ову прилику пође без шлема и аутомата. Али, док се џип удаљавао носећи лепу „Американку", мајор је још увек пред собом гледао њене заводљиве очи.

4.

После неког времена, кад нестадоше и џип и замамне очи, мајор Секулић сместа навуче строг израз на лице, изјури пред зграду и нареди збор. Кад се војници окупише и постројише, он испали канонаду критике:
— Ви сте сви одреда идиоти! Ако је вежба, онда је вежба а не застрашивање цивила! Међу њима чак и једне даме!... И то баш Американаца! Шта ће сад писати свет о нама?... Не можете ништа војнички, дискретно, да урадите! Као да сте медведи а не армијци. Какви армијци, идиоти! Идиот до идиота! Три круга око објекта трчећим кораком напред марш! Напред марш! Трчи, немој ми се вући као баба! Трк, трк, трк...
Док су трчали, војници су се између себе питали да ли је ко икад чуо да је мајор помињао вежбу. Нико. Значи, незаслужена казна, закључили су. На основу мајорове заповести и онога што су сами сконтали, очекивали су, неће бити далеко од истине, некакав *авакс* или њему сличну шпијунску летилицу. Јер ако већ ту треба да слете неки Американци, како ће него у америчком авиону? Дода ли се томе мајорова наредба о запоседању свих важних пунктова на Аеродрому, шта су могли да закључе него да војна команда хоће да се покаже у најбољем светлу пред противником. Утолико пре што су амерички *авакси* и њима сличне летилице већ месецима слободно прелетале ово подручје, а нико ништа да им одговори одавде. Ловаца на

Аеродрому, додуше, поодавно нема, то свакако, лепо виде и они одозго што неометано вршљају туђим небом, али могла би се довући нека ракета земља-ваздух или штогод друго предузети како би се уљези опоменули, ако не и утерали у памет. Кад се све то има у виду, онда су и војници мајора Секулића могли да резонују како је наредба о њиховој борбеној готовости морала бити испланирана негде „горе" као каква-таква надокнада свих досад испољених пропуста и слабости.

– Трк! Трк! Трк! – искаљује мајор свој бес, док га два дубока тавна језерца, два ока раскошне „Американке", маме да урони у њих. Одавно се ништа није дешавало не само на његовом аеродрому, него и у његовом животу. Оно што га је снашло, већ је прегорео. Рат га је затекао на војном аеродрому у Марибору. Изводили су наводно неке борбене летове, а овамо ништа. Чим се Словенија дефинитивно отцепила, прекомандован је на југ, у Домановићград, као сад би сукоб могао да избије у Македонији, где би се могли умешати Албанци, Турци, Бугари, Грци... Опет неки борбени летови, али ни ту ништа од акције. Његова Метка, са сином и ћерком, међутим, остаје у Марибору, као сад не могу са њим, свуда се распламсава рат, а у Словенији је већ протутњао, па ће ту бити најсигурнији. У ствари, искористила је прилику да се одвоји. У последње време за њу је постао српска сељачина. Разлог за крах њиховог брака налазио је, колико у различитом културном пореклу, много више у инструираном национализму, којем је брзо подлегла Метка. Жао му је још деце, док је њу прописно истиснуо из свог срца, схватајући ово донекле и као своју патриотску обавезу.

Али то што му је жена Словенка, пратило га је и даље као усуд. Зна он добро зашто су баш њега, када му је цела ескадрила прекомандована на аеродром близу Дрине, оставили да чами у Домановићграду. Уплашила се команда, свакако на миг неког надобудног обавештајца, да с мајором Облаком

Секулићем не треба ризиковати, може му пасти на ум да једног дана, једне ноћи, скрене с маршурте и заврши у Марибору... Покушао је да увери команду да је са женом заувек раскрстио, она је словеначка националисткиња, а он Србин, одан домовини, али они су окренули причу на другу страну: задржавају га ту јер на њега рачунају, кад се ускоро врати ескадрила, да Домановићградски аеродром организује као једну од најважнијих ваздухопловних база...

Време је постепено чинило своје. Мајор Секулић је увидео да и брачна слобода и лака дужност могу да имају своје предности. У Дому Војске у граду, где је углавном проводио вечери, сретао је поприличан број слободних жена, или оне које су се осећале слободним. То су махом биле супруге његових колега официра, авијатичара или из других родова, прекомандованих на Дрину, па је с тим дамама мајор Секулић развио обострано утешитељство.

Као по условном рефлексу, мајор је временом почео да реагује на присуство сваке иоле привлачније жене. Појава једне заводљиве „Американке" већ је била више него изазов. Навикнут да у Дому Војске лако долази до циља, почео је себе да сматра неодољивим. А кад му се Слађа још и изазовно насмешила, у њему се зачела победничка мисао: „Дама је печена!"

5.

Лепосава да се онесвести! На вратима њена деца, као да се понавља слика из учесталих снова. Иако су најавили да ће доћи још пре месец дана, ипак је затечена.

– Де, де, кево! – храбри је, грлећи је, Слађана. – Чекај да се испоздрављамо, па се онда руши.

Лепосава је остала на ногама, али сад шмрче од радости док их све редом грли и љуби. Драг јој је чак и риђи Шкот, иако га је у тренуцима усамљености клела што јој је најпре заробио ћерку, а потом одвукао и сина.

– Ми се начекасмо – најзад проговори Лепосава. – Отац вам је и сад на аутобуску...

– Задржали се у Београду, због авиона – објашњава Саша разлог кашњења. У исто време опажа промене код мајке. Одебљала, изгубила струк, образи се опустили, наборала се, коса проседа – много тога старачког.

Иако потресена, и Лепа не може а да не види да су и Саша и Слађа „остарили", више нису деца какву она памти. Док мушкарци уносе пртљаг и њиме попуњавају претсобље, Лепа шапуће „Родиш децу, одраниш, а кад порасту, оду и немаш их више." То она више себи, али је Слађа чује:

– Ајде, ајде, кево, не богоради. Буди хепи што су ти се деца извукла из ове селендре и постали Амери.

Да би и он утешио ташту, Џон склапа на српском:

– Ја вери воли Слацу. Ми има бејби.

– Џон ти каже да имамо децу – додаје Слађа.

– О, боже, ја и не питам за унучиће!

– А, већ су велики, Мери и млађи Џон, прави тинејџери.

– Што их не доведосте?!

– Други пут. Плашили смо се рата овде...

– Па и није овде, него тамо у Босну.

– Јес, али америчка телевизија не прави разлику, па нисмо баш били сигурни.

О Сашином сину ни помена. Мајка и син се само ћутке погледаше. Зна она да се Саша развео и да му је син остао са мајком, неком Талијанком.

Седају у трпезарији. Лепа их служи слатким и водом. Шкот каже да је „вери гуд". „Гут, гут", узвраћа му Лепа у немачкој верзији; сви су језици, ето, слични.

– А матори, где је он? – запита Саша. – Држи ли се?

– Држи, за земљу – први пут се нашали Лепа. – Ено га на аутобуску, чека вас. Он тако сваки дан откако сте јавили...

– Ваљда не цоња по цео дан тамо! – зачуди се Слађа.

– Мало на аутобуску, мало на бувљак и прође му дан.

– Бувљак? Зар и Домановићград већ има бувљак?! – запита Саша.

– Е, па и ми смо сад напредни – наставља да се шали Лепа. – Откако ни уведоше санкције, не само пазар, него и цела Циган-мала претворише се у бувљак. Ко ти све сад не тргује. Сваки дан стижу пуне торбе из Софију, Истамбул...

– Јес, бензинске „пумпе" и „трафике" имате на сваких сто метара, видели смо из џипа – сети се Саша уличних дилера са пластичним канистрима и цигаретама на картонским кутијама. – Ни *Тексас петрол,* ни *Табако* вам нису равни. Али матори, шта он ради на бувљаку? Убија пензионерске дане?

– Море и он тргује.

– Чиме бре, кево? – умеша се Слађа. – Новица, па трговац, то ми не иде у главу!

– Са чим ће, зна се. Са својим каменчики.

– Продаје свој драги камен! Зар то овде, где га има ко плева, може да има прођу?!

– Иде некако. Досетио се мој Новица: правимо привесци. Он избруси каменче, ја од шарени кончићи увртим канапче, вежемо и ето ти за око врат.

– И ? – инсистира Слађа. – Иде, а?

– Иде, колко да се преживи. Од наше пензије мала вајда. Данас донесе поштар и ако одма не претвориш у робу – зејтин, брашно, шећер, кобасице... – сутра ништа не вреди. Кажу, инфлација. А ми и штедимо, знате ви свог оца.

– Па имали сте девизну уштеђевину – упаде Саша.

– Имали, па више немамо. Отишло на вас, а малко и ми трошкарили да преживимо. Ваш отац штеди, има он свој план.

– План? Какав план, кево? – готово истовремено истрчаше са својом радозналошћу Лепина деца.

Лепа се насмеши помало тужно.

– Планира да путује тамо... у тај Јоханезбур. Каже, чак на југ Африке... Он не мож да се помири да његов камен не вреди онолко... Сви су, каже, поверовали Турчину, оном Јусуфу из Истанбул, а Турци су, каже, овде господарили, отимали и лагали петсто година. И тако, кад накупи паре, ће иде у тај Јоханезбур да отуд доведе човека што се разуме у драги камен.

– Новица ко Новица! – лупи Саша длан о длан. – Не мења се.

– Ћале је фантазија! – ускликну и Слађа. – А ти, кево, верујеш у то?

– Ја? Верујем у све што и ваш отац.

– Нормално – насмеши се Слађа сентиментално. – Куд он, ту и ти. И, колико сте сакупили?

– Пун кофер – тихо ће Лепа.

– Пун кофер мани а ти ко да није ништа – поскочи Саша. – Где ви то држите?

Лепа замоли зета да се мало помери на каучу, па се сагну и испод њега извуче не баш мали картонски кофер. Кад га отвори насред трпезарије, Саша и Слађа са столица, а Џон са кауча скоче као опарени. Пун кофер новца, баш као у америчким гангстерским филмовима! Шкот брзо примети да су и цифре на новчаницама велике, милионске, што га посебно импресионира. И док он занеме од чуда, Саша звизну, а Слађа узвикну „ијуу".

– Џабе се радујете – пресече их Лепа. – Ништа то више не вреди, појела инфлација. Сваки дан штампају нове паре са још више нуле, па за једну милијарду не мож да се купи ни кило леб.

Брат и сестра се загледаше, одушевљење испари као кап на врелој плотни.

– Па што онда скупљате? – запита Саша.

– Знаш ти твог оца – потиштено ће Лепа – кад он нешто науми.

– Али ти, кево, схваташ да то нема смисла. Што му не кажеш.

– Нећу ништа да му кажем – успротиви се Лепа. – Он је млого пропатио и ја да му још станем на муку. А понекипут и ја помислим да мој Новица може да има право и овај пут. И онда кад је почињао, ко му је веровао за рудник и фабрику за накит, па је после успео да то изведе. Што и сад да не успе? Често навечер тако лежимо и не мож да заспијемо. Мој ти Новица ће ми каже: „Може, Лепосава, да с мене ниси баш срећно живела, ал' запитај се која је жена имала три бунде и толики накит, која је жена са занатску школу постала директорка Робне куће?" „Никоја", одговарам му ја. И не га лажем, све је било тако. И пâ може да бидне. Мој Новица није као сви људи, има нешто у њега...

Слађа и Саша се разнежише над сликом свога оца. Ако ће право, мислили су, он је једини заслужан што су се домогли Америке. Слађи је то био једини сан откако је постала свесна себе и своје будућности. Саша, опет, сети се како је руководио одељењем пропаганде у домановићградском гиганту у настајању *Алему,* пред очима му се појавише слике манекенки и стјуардеса... То је сада тако далеко, па ипак, нашавши се поново у Домановићграду, све доживљава као да је било јуче. За њега Америка није била што и за Слађу. Она се тамо снашла, удала се за богатог Шкота, истина риђана, али у Америци је *мани* на првом месту. Он нема среће ни са браком, ни са бизнисом. Талијанка га је ухватила у прељуби и сместа напустила. Најтеже му је што више није са сином, који одраста далеко од њега, чак на Западној обали. Као један од мање важних руководилаца у зетовој фирми, не може бити задовољан ни каријером. Али повратак у завичај у њему буди нове наде. И он не би био син свога оца а да већ није пустио у погон своју машту. У глави му се већ уобличава план. Америка јесте богомдана за бизнис, али се и у Домановићграду, зна он већ из очевог и свог искуства, итекако може остварити нешто значајно и велико, само ако човек то довољно силно жели. А он, не само да жели, њему је то неопходно као хлеб насушни. Доста му је да буде потчињен Шкоту а млађа сестра да му је газдарица! Мора да поврати стари сјај, кад је оно био неко и нешто у *Алему* и читавом Домановићграду!

– Шта је с *Алемом?* – запита мајку. – Тата пише да је успео да га сачува...

– Не дава он свој *Алем* – поносито ће Лепосава. – Још док беше ликвидациони директор, успе да заштити машине, нек стоје за неко боље време. И сад, кад је у пензију, иако тамо има чувари, он барем једанпут у недељу обиђе и Фабрику и Рудник. Наврати и у Радојево да посети мајку, она је сама откако вам је деда умро. Са Беле стене донесе увек пуну торбу своји каменчики. Правимо од њи наких, ама их има много, не мож све да се потроше.

– Има ли још онај мопед? – сети се Саша са симпатијом.

– Има га, ене га доле у шупу. Али га ретко тера, скуп бензин, по три марке за литар. Ама на Беле стене обавезно с мопед. Научио је и да га сам поправља, цел га расклопи као прави мајстор, а деца се саберу около њега...

– Новица се, значи, не предаје – закључи с поносом Слађа, коју су некада у породици зачикавали као „татину ћеру“.

– Па, видећемо ми опет нешто...

Саша је то рекао више за себе. Годину дана он наговара Слађу и Џона да оду у Домановићград, тамо може да испадне Елдорадо за бизнис. Држава се, истина, распала, али је срушен и комунизам, па је кренула приватизација, чуо је од познаника да су се овде људи преко ноћи обогатили. Ето и њему прилике. Тешко је било наговорити зета, Шкот двапут не упада у исту замку; једном је већ с *Алемом*, кад је по Слађином наговору отворио представништво „домановићградског гиганта“ у Америци, доживео горко искуство. Кренуо је с маркетингом, створио се поприличан круг пословних пријатеља, а онда је све пукло као пренадувани балон. Али Џон није ни сад могао да одбије Слађу и кренуо је на још један пут у Домановићград.

6.

Тек што су почели с ручком, који је Лепосава спремила брзо и спретно, кадли ето Новице. Сви скоче да се поздраве, а Новица се, сав поседео, још с врата смеши, онако како он уме, церека. Прилазећи им, хвалише се:

– Ја данас зарадио дванаес милијарде!

Љуби га „татина ћера", грли и тапше по леђима син, па зет, научио и он да се у православаца трипут љуби у образе. Новица више механички узвраћа на присне поздраве а притом не престаје да реферише о својим трговачким резултатима:

– Дванаес милијарде динара и плус десет марке! Толики промет ретко ко је данас остварио на бувљак. Постигао сам и свој лични рекорд, и рекорд бувљака! У част вешег доласка, да видите како ми овде обрћемо паре. Целу сам робу продао. Штета што нисам имао више. Наврзли се неки Румуни, дај па дај, оће све. И одоше двадест и три привеска. Ко алва. Идуће суботе, договорили смо се, долазе опет и траже да им спремим сто комада. Лепосава, празни од твоје старудије други кофер да га пунимо с паре.

– За кофер зачас работа, одма после ручак – Лепа му се благо смеши док му сипа супу. – Једи, да се не олади.

Новица механички куса супу, а све се, некако замишљен, смешка. Онда крене да открива своје мисли:

– Ово с Румуни није само нешто онако, ситна трговина. Кад им ја реко да сам био оснивач и генерални директор гиганта драгог камена, да смо ми овде по томе чувени у свету, они да падну на...

Све сам ја то смислио и организовао, кажем им, али су другови упрскали. Знамо ми то добро, кажу ми они, и код нас су комунисти све упропастили.

– Добро, ћале – прекину га Саша – помињеш неке силне милијарде, рекло би се да су то велики мани, али што упплићеш ону сићу од десет марака?!

Новица одложи кашику у тањир, испрси се и широко исцери.

– Они се, моја Лепосава, не сналазе с наше паре. Види се да су постали прави Американци. Па те десет марке више вреде од оне дваес милијарде. Знате ли ви колико износи, у марке, Лепина и моја пензија? Пре неки дан сам рачунао: тачно осам марке и 60 фенинга! Моја четири марке и 90 фенинга, Лепина три и 70. Не заостаје она много. Ја сам истина био генерални директор *Алема,* ама и Лепа је била директор велике Робне куће.

Саша и Слађа су збуњени очевим рачунима, зет Џон запиткује своју жену шта то таст тако надобудно демонстрира. Живећи са Слађаном већ две деценије, он је понешто принаучио српски, па је и сада натукнуо да таст прича о некаквом профиту у милијардама. Иако је већ докучио да је овдашњи динар само безвредни папир, ипак га импресионирају астрономске бројке. Слађана га на енглеском, који не разумеју отац и мајка, спушта на земљу:

– Ма ништа, фадер данас зарадио све скупа неких десетак долара.

– Вери гуд – промрмља разочарани Шкот и нагну се над свој тањир да докусури супу; даљи породични разговор више га није занимао.

Кад је потом домаћица изнела на сто шерпу пуну сармица од зеља, уз то и кисело млеко, зет понови „вери гуд" и приону на наредни задатак за столом. Сашу је, међутим, нешто копкало, па се, између залогаја, обрати оцу:

– Све је то лепо, ћале, што ти успешно тргујеш, али ми смо овде и да се видимо, али и због бизниса. Може ли се овде на брзака смувати нека лова?

– Може! – испали Новица као запета пушка и притом се исцери. – Ако ођете прави бизнис, то вам је *Алем*. Машина стоје и чекају да их неко покрене. Данас се и код нас све може, па је, рачунам, куцнуо час да и *Алем* прорадi. Да не беше оног Јусуфа Турчина, и да му друг Веља Мајсторовић и Језда Зеленовић не повероваше, сад ми овде ће пливасмо на паре, ће течеше мед и млеко. Ја сâм држ, не дај, убеђуј да се Турчин не слуша, доста су нас јахали петсто године, али Веља подви опаш и побеже у Београд, а Језда после и да је хтео није могао ништа да предузме. Комунисти су, што веле Румуни на бувљак, све упропастили. Е, сад и код Румуни и код нас више није исто, све се окренуло тумбе. Кажу, могли би да се удружимо, они ће нађу неке њиове бизнисмене, обећали су да ће ствар тамо да покрену. Ако и ми овде... па кад се удружимо с Румуни, где ће нам буде крај!

Занесен својим комбинацијама, Новица је, онако исцерен, био у свом правом, божјем издању.

Али ни син Саша не заостаје, и он има свој план.

– Добро, ћале, *Алем*, кажеш. Сачувао си машине, па ипак, вреди ли то још?

– Вреди, како да не вреди. Ја сам задржао бар толики утицај на Језду да смо одма све конзервирали. Као ликвидациони директор, лично сам с тим руководио. Ја сам и данас, иако пензионер – ту се Новица исцери победоносно – и даље ликвидациони директор. Јер ме још нико није сменио. Најдужи ликвидациони директор у земљи, ако не и у целом свету! Ликвидатор који никако да ликвидира. Сви знају за то, ама се праве Тоше. Знају и сами да не могу да збришу једну овакву фирму, шта би рекао народ: дали толке паре, а овамо низашто. И није само то. И они се потајно надају да ће једном све поново да се покрене...

– Ко то они? – прекиде га син.

– Ко? И Језда Зеленовић, и Златан Пришевић...

– Златко? Шта ли је па он постао?

— Аа, он је голема работа, председник Општине, градоначелник, што се каже.
— Свака му част. А Језда, он је у Београду?
— Министар у српску владу за трговину. Па сад дрма.
— Види се то на сваком кораку, трговина му цвета — насмеја се Слађана. — Нарочито бензинске „пумпе" и „трафике" цигарета.
— Море Језда дрма и не дрма, ама његова Звездана све овде држи под своје — умеша се Лепосава, дивећи се својој некадашњој пријатељици. Данас од тог дружења ни трага.

Саша се одмах распита долази ли Звездана чешће у Домановићград, па Слађа ово искористи да га пецне:
— А, Звездица, стара љубав. Само, да не заборављаш колико година може сад она да има?
— А, Звездана не се дава, негује се она, пази на себе — брани је Лепосава. — Може јој се, Министарка, тако је зову.

Саша је већ одлутао у својим комбинацијама, па је с пола увета слушао коментаре о Звездани. Дакле, сви кључни људи су му блиски, за почетак сасвим добро. Задовољан у својим мислима, он се мало и исцери, подсећајући тако на свог оца.

7.

Наредног дана, око девет сати, буде се Лепини најмилији гости. За трпезаријским столом већ их чека гибаница. Враћа се, овог пута врло рано, и Новица с бувљака. Суздржано се смешка, али ништа не говори о својој трговини; данас и нема чиме да се похвали, није било Румуна, а нема ко други да се занима за његове привеске.

У Слађиној соби Саша притишће сестру и зета својом смелом идејом о бизнису у Домановићграду. Шкот запањено пита сме ли се тако нешто, а Саша му узвраћа да је овде сада све „дозвољено". Уосталом, како су се многи напречац обогатили. Настао је општи грабеж, без пардона. Џон пита погледом Слађу, она слеже раменима. Препуштају ствар Саши.

После доручка, Саша пита оца има ли рент-а--кар у граду и зна ли можда телефон градоначелника Златана Пришевића. Новица без речи, али са својим осмехом на лицу, окреће неки број на телефон, добија везу.

– Горане, ти си?... Овде чика Новица. Дођи што пре овамо, имаш муштерије. Дошли моји из Америку! – Онда ће сину: – Горан Бисерчић, наш комшија таксиста, то ти је рантакар, иначе нема тако нешто овде. Сад ће он да долети. А сад, Златанов телефон...

Новица има под „п" и телефон председника Пришевића. Саша окреће број, има срећу, веза је одмах успостављена.

– Господине градоначелниче, овде Александар Спасић...

– Саша, није ваљда! – зачу се звонак глас Златана Пришевића. – Значи, ви сте ти Американци који слећу с неба у наше мирно место! Да знаш да сам био спреман да вас хапсим, цели град сте ми узнемирили! – шали се председник са својим старим школским другом. – Ви мислите да овамо може да долази како ко оће. Али, као генерацији, прогледаћу ти кроз прсте.

– Са мном су и сестра и њен муж.

– А, Слађа. Је ли и сад онако лепа?

Слађи прија „оговарање", а Џон, незаинтересован за празна наклапања, пита Сашу хоће ли их градоначелник примити.

– Моја сестра, зет и ја бисмо да те мало посетимо?

– Само изволите. Може одмах.

На вратима је већ таксиста Горан. Нањушивши добру зараду, одмах почиње с улагивањем:

– За вас се овде већ причају легенде. Од синоћка се шушка по град: „Дошли неки Американци с авион, па с војни џип", ама никој да претпостави да сте то ви.

И док су се „Американци" врзмали по кући, спремајући се за пријем код градоначелника, таксиста исприча две верзије из чаршије о загонетним авионским посетиоцима. Према првој претпоставци, то могу да буду само неки страначки лидери. Јер, откако је политички плурализам захватио и забити Домановићград, било је свакојаких страначких промоција, на шта већ неколико генерација овде није навикло. Тако је, на пример, недавно првак једне странке, који, нормално, живи у престоници, слетео насред централног домановићградског трга (који се више не зове Трг Маршала Тита, већ Трг Цара Лазара) у хеликоптеру, и то у пратњи популарне и атрактивне фолк-певачице. Радознали народ је зачас преплавио Трг. Дотични политичар је закључио да и овде има велики број присталица, певачивца да су то све њени обожаваоци, али је и пилот хеликоптера имао свој закључак: његова тророга летилица је у овом забаченом крају права атракција, па сви буље у њега као да је ванземаљац. Пошто је певачица извела пар својих најомиљенијих нумера, страначки лидер почео је даређа све предности које ће овај град имати ако му на предстојећим изборима укаже поверење. Народ, чак и на заосталом Југу, не верује много у обећања политичара, али овај је испао некако другачији. Можда наивно, али Домановићграђани су се међусобно уверавали: кад може да се вози у хеликоптеру и да се ожени свима омиљеном певачицом, ваљда ће моћи да испуни и оно што обећава. Чим је, међутим, лидер одлетео, сазнало се да му је атрактивна певачица само љубавница, да је због ње оставио венчану жену с децом (број деце варирао је од двоје до петоро)... Онда се Домановићград начисто предвојио. Једини су га немилосрдно нападали да је прекардашио, ранији политичари бар су крили своје љубавнице, а овај с њом митингује. Други су га бранили: освојити звезду естраде може само способно мушко, а данас, кад Србе цео свет... у здрав мозак, народу је баш такав вођа потребан...

Отмени дошљаци нису нико други доли белосветски бизнисмени – гласила је друга претпоставка. Јер њих је и раније бивало у Домановићграду, боравили су махом тајно (мада једна тајна у Домановићграду тешко може и да преноћи) како би се својим очима уверили у основаност фаме о домановићградском драгом камену, или је одбацили као још једну у низу вештих комунистичких обмана, срачунатих на заваравање осиромашеног народа како би се држао у илузији и покорности. Ако су ови сада стигли авионом, дакле наочиглед целог града, биће да су им и намере отвореније. Истини за вољу, сан о сјају дијаманата никад није сасвим напуштао Домановићграђане. Уопште узев, и цео Југ је био захваћен великим открићима. Мало-мало, па искрсну богата налазишта или злата, или драгог камена, покаткад чак и нафте и гаса (свеједно што нема сличног примера у свету да је икада тако нешто покуљало из планинског терена), а да се и не говори о благу из пећина или гробница римских и византијских владара, наших Немањића, те и потоњих турских везира. Чега нема у стварности, богато је надокнађивао сан.

8.

Таксиста Горан Бисерчић све више се потврђује као драгоцени водич у новим домановићградским приликама. Чим су му „Американци" рекли да их вози у Општину, председнику Златану Пришевићу, таксиста је сместа прокоментарисао:

– Сналажљив човек. – Осетивши да је код својих путника побудио занимање, таксиста наставља: – Држи и влас и бизнис. Оно, једно без друго данас и не иде.

– Какав бизнис држи Златан? – заинтересова се Саша.

– А, прави. Нафту и дуван. Има бензинску пумпу на женино име, и сви улични дилери с бензин и цигаре су његови. Гради и хотел. Уортачио се с Министарку Звездану, па дрмају. Море, ја да ућутим, може нешто да ме стрефи с такси. Његова влас, милиција, може МУП да ти смести и што ниси сањао.

Саша га охрабри: од онога што се изговори у таксију, ни реч неће изаћи напоље. По природи причљив, Горан наставља:

– Све им долази из Македонију, углавно. Граница је ено ту, близко, милицајци и цариници понајвише одовде, па све штима. Све иде ноћу, кад међународни контролори оду на спавање или кад, подмићени, зажмуре на обе очи. Онда пролазе конвоји цистерне. Но, џабе ти блиска граница, да Језда Зеленовић није уфатио везу са своје колеге у Скопље. Онда његова Министарка распоређује квоте: овоме оволко, ономе онолко, а кајмак, ко ће него она.

– Значи, то је јавна тајна – зачуди се Саша. – И нико да спречи? Инспекција, контрола...

– Кој ће да спречи? Њиова и инспекција, и контрола. Све поврзано, све подмачкано.

Преводећи зету разговор са таксистом, Саша га сведе на још једну потврду да иду правом човеку, који је овде главни и у власти и у бизнису.

9.

На тргу Цара Лазара, баш испред Беле палате, јединог сведока некадашњег сјаја Домановићграда, демонстрације. Стотинак радника фабрике *Металац*, у више малих групица, стоји на плочнику или седи на степеништу зграде и међусобно разговара. Неколико њих држи транспаранте с натписима:

МЕТАЛАЦ – РАДНИЦИМА; ХОЋЕМО ДА РАДИМО; ПЛАТЕ 300%; ВРАТИТЕ ЖАРЕТА.

Горан заустави такси на уласку на Трг.

– Обиколите ги, да не ви нешто добацују – посаветова таксиста своје путнике. – Знате, они су радници, а ви сте за њи господа. Ја ће ве чекам овде.

– Где да налетимо баш на демонстрације – негодује Саша.

Слађа се много не узбуђује, као уосталом ни око чега што је се лично не тиче. Међутим, Џон је мало уплашен, па жена мора да га смирује, нека не паничи, ништа им се неће десити. Онда све претвара у шалу:

– Овде нико не једе Шкоте јер још нису провалили да су много слатки.

– Слацо, дусо, не зеза – узврати јој муж на српском.

Горан објасни да су овде демонстрације уобичајене, готово свакидашња појава. Чим закасне плате, скупе се овде на Тргу, дигну цеву и прско ноћи стигну паре.

– Као оће ово, оће оно, траже да раде, а овамо дубаре за паре – закључи таксиста. – Јуче су се, на пример, бунили обућари, прекјуче грађевинци...

– Па је л' добијају то што траже? – упита Саша.

– Редовно. Наштампају се паре и донесу у џакови.

– Па добро, кад су сваког дана демонстрације, штрајкови, кад се онда ради? – упоран је Саша у истеривању своје поамериканичене логике.

– Половина је на принудни одмор и прима плате, а они што кобајаги имају посао, радуцкају по два-три сата на дан. Производња пала на трећину, негде и на ништо.

Док су обилазили Трг, Џон изрази своју недоумицу: какву сврху има овде икакво инвестирање кад се стално штрајкује и где ништа није сигурно.

– За моју идеју баш овакво стање одговара – уверава га Саша. – Код нас има дивна пословица: риба се лови у мутном.

10.

На портирници Палате већ је јављено да долазе „Американци", па их портир снисходљиво упућује на четврти спрат, соба 7–8, ту је председников кабинет. Притом се извињава, лифт не ради, али није много високо...

Да би се ушло у собу 8 код председника, ваља проћи кроз собу 7, поред секретарице. Испостави се да је то бивша Новичина „десна рука" Живка. Саши није било тешко да је препозна јер је она свој изглед конзервирала за сва времена: мршава, уштогљена, у послу педантна. Ипак, иако суздржаног понашања, она се приметно обрадова кад виде младог Спасића из своје некадашње фирме *Алем*. За њу су Спасићи били и остали појам.

– Како сте, господине Саша? Како је директор Новица? – дозволи она себи и мало интимистичког понашања.

– Стари је добро, држи се – узврати Саша сав блажен што га се овде сећају из старог, доброг времена. То му посебно годи пред сестром и зетом, својим садашњим газдама у Америци.

– Ако сте заборавили – шапну им као успут – ја сам овде некад био *неко*.

– Знам – насмеја се Слађана – посебно за манекенке.

Онда су се нашли у председниковом кабинету. Златан Пришевић, иако на челу једне од забаченијих општина на Југу, потруди се да пред „Американцима" покаже манире светског господина. Тако он заобиђе испружену Сашину руку и с галантним осмехом дограби Слађину и цмокну је да се добро чуло. Уследи и незаобилазни комплимент:

— Бре, Слађо, ништа се ниси променила од онда кад си жарила и палила по Домановићграду.

— Само неко килце више — пецну Саша сестру, рукујући се са својим другом из гимназије. Помисли да дода: и ти си се, колега, оклмебесио и оћелавио, али се на време заустави; био би то лош увод у пословни разговор.

— Слађу то чини још привлачнијим — наставља Златан надметање „као некад" са својим исписником.

Представише и Џона, па их градоначелник смести за подужи конференцијски сто, за којим је било поређано десетак столица. Пре него ће и сам сести на чело стола, понуди своје госте вискијем, посебно дајући до знања Шкоту да зна шта он пије.

— Боље да имаш домаћу ракију, зет то овде више воли — примети Саша.

— Не држим брљу — подсмехну се Златан. — Виски је виски, светско пиће.

Свакако унапред упућена, секретарица већ улази с послужењем. Куцнуше се, домаћин пожеле „Американцима" добродошлицу.

— Ти се, Злате, понашаш као да ти доле нису демонстрације — примети Саша.

— Навикли смо се на то — узврати председник с осмехом. — То ти је сада наш фолклор. Кад будете одлазили, никог више доле неће бити. Сад мој начелник за привреду „преговара" с њиховим делегатима. Ће им дамо плате, ће им вратимо Жарета, и мирна Бачка. Ако мисле да ће стари Жарко Кривић, кога смо ономад пензионисали, да их изведе из го... глиба, што да им не учинимо. Људи не схватају да за нашу тешку ситуацију нису криви руководиоци, већ међународне санкције. Али, да смиримо ситуацију, довијамо се на разне начине. Испада да је председников посао баш то довијање. Стално се крпе општинске панталоне, пукло овде, пукло онде...

— Сад видим зашто имате толико нула на парама — покуша да се нашали Саша.

Али председник окрену на озбиљно и објасни мудру одлуку власти:

– На тај начин смирујемо социјалне тензије. Ја ту немам шта да размишљам, само спроводим директиве из Београда.

– А ми баш дошли да нешто овде уложимо – пређе Саша на ствар. – Мој зет је, свакако си чуо, успешан бизнисмен. Има ланац самоуслуга и још неке послове и акције. Слађа и ја смо га наговорили да и овде уложи.

Слађана преведе мужу, он потврди само климањем главе.

– Врата су вам отворена – председник не скрива радост. – У сваком случају, патриотски гест.

– Шта би нам ти предложио – запита Саша – где би било најбоље...

– Бирајте сами. Ако оћете индустрију, ено вам *Металац*. Можда сада тамо и није нека продуктивност, али с додатним капиталом све би се брзо преокренуло.

Слађана преводи, Џон се мршти, пред очима су му радници из те фирме како демонстрирају доле пред Палатом.

– Не би Џон баш *Металац* – насмеши се Слађана.

Саша одлучи да открије карте:

– Мој Новица каже да је *Алем* још у добром стању. Можда би се ту могло ... Знаш и сам за моју слабост према *Алему*. И Слађана и Џон су својевремено намеравали да нас заступају у Америци.

Златан клима главом, као озбиљно разматра предлог.

– Идеја вам је занимљива – најзад проговара. – *Алем* је наша слаба тачка. Зато је и конзервиран, да сачека нека боља времена. Можда су она дошла... Али, ја ту ништа сам не могу да одлучим, то питање превазилази моје компетенције. Најбоље ће бити да се опет иде преко Језде Зеленовића, утолико пре што је он сада министар у Београду. Уосталом, ево већ сутра нам долази неким послом госпођа Звездана. Ти се, Саша, добро познајеш с њом, заједно сте радили.

– Договорено, другар – устаје Саша, а за њим Џон и Слађана. – Значи, опет старо друштво на окупу. Океј.

11.

Оставши сâм у свом кабинету, председник Златан Пришевић осети како га обузима нека слатка језа. Почиње из средине тела, негде из стомака, па се шири и навише и наниже. Кад стигне до главе, сву је протресе као да жели да провери издржљивост мисли које су је испуниле, па ако се брзо и лако отресу, онда и не поседују неку ваљану тежину, а ако се одрже и не испадну из ње, е тада их ваља пазити као драгуље у сефу. Садржај који се одскора уселио у Златанову главу, чини се издржао је проверу, јер председниково лице почиње да се изобличује у незадржив смех. А будући да је слатка језа истовремено стигла и у ноге, оне се намах узнемирише и поскочише.

Градоначелника ни столице, ни кабинет, ни мермерна палата не могу да задрже. Секретарица Живка тек крајичком ока спази како јој шеф као муња прелећа кроз канцеларију и нестаје иза врата у ходнику. Ипак, она успе да се брзо прибере, па држ за њим. Сустиже га тек на степеништу.

– Али, председниче, не рекосте где ћете, па ако неко...

Златан склизну преко још три-четири степеника док се не заустави, јер су телесна и духовна инерција, удружене, добиле не просту збирну, већ квадратну снагу (можда ово није баш по Ајнштајну, али могуће да је по Фројду).

– Нема ме, на састанку... Кажи шта оћеш, не тиче ме се.

И председник нестаде зачас на завијутку степеништа.

Шта га је то тако силовито понело? Две године његовог председниковања обележили су беспарице, штрајкови, немаштина. Стао је на чело града после распада државе, избијања рата и увођења међународног ембарга. Ако је дотле неразвијена домановићградска привреда и стварала некакав доходак, сад се све свело на животарење као без душе. А као сваки амбициозан човек, и Златан је почео да прижељкује, па и да машта, како му однекуд, па нека и с неба, пада нека инвестиција да би покренуо привредну рагу. Колико пута је само замишљао како му долази неки пегави уштогљени Немац или жути мали Јапанац и предлаже да у Домановићграду отворе погоне *Мерцедеса, Мицубишија*. Прижељкивао тако он Немце и Јапанце, кад ли ево му Американаца! Долетели, пали с неба. Јесте да су наши, али ко би и дошао у ову забит ако га не вуку завичајни корени. Остало је једино да га копка што их није отворено упитао: „Господо, а о којој суми би, бар приближно, могла бити реч?" А можда је и боље што се није истрчао, да не помисле да је превише лаком на паре. Уосталом, тај Мекдоналд неће ваљда да пиљари, него ће да исповрти које милионче зелембаћа! Хоће баш *Алем*. Ето им га. И Језда и Звезда носе старо грутче у грудима због *Алема*, које једва чекају да разбију. И тако, нека други буду коловође, а ћар његов.

И док Златан јури низ мермерну палату све до гараже у сутерену, деси се да се на моменте нагло заустави, као да је пред њим изненада искрсла некаква препрека. Оно, и јесте препрека, али у његовим плановима. Израња из полутаме и затитра као светлећа реклама. *Алем*! Нажалост, опет *Алем*! То је судбина Домановићграда и читавог Југа. И ти Спасићи. Изгледа да се не може и без њихове маштовитости.

Савладавши тако и последњу препреку у својим мислима, градоначелник улете у гаражу на дну зграде, па у велику црну лимузину, упали је и крену. Његов возач за њим, али му газда само махну из возила. Убрзо *мерцедес* нестаде из гараже. Лакше магарцу без самара, закључи возач и прикључи се свом шоферском друштву које је, у паузи, играло шах.

12.

Стазом између свеже озелењених површина, црна лимузина изби тик уз обалу Муље. Из ње изађе председник Пришевић и одмах се загледа у речицу. Његовим замишљеним лицем повремено прелећу осмеси као небом бели облачићи. Шта то узноси градоначелника?

Недавно је Муља, набујала од пролећних киша и отопљеног снега са планине, опет била надошла и нанела дебели слој муља. И не само блата, него и разне отпатке модерне цивилизације – пластичне флаше и канте, најлонске чарапе и друге прње... Откако постоји ово место, сви градски оци су се заносили мишљу да једном укроте Муљу, да јој поплочају корито, па нанижу и мостове који ће је прескакати у једном луку... Али се никако није дало. Већином нема се пара, а и кад се нешто прикрпи, искрсну прече потребе: те за поспешивање развоја приоритетних предузећа, те за стамбену изградњу, те подизање стандарда и сличне сврхе. Као народни заступници и најумнији људи, градски су оци добар део средстава знали и међусобно да распореде, будући да су они и најбоље могли да одреде како да их искористе.

И садашњи градоначелник Златан Пришевић, попут својих претходника, заносио се мишљу да уљуди Муљу. Као никад пре, сад му се чини да је на домаку циља. Јер ако долете зелембаћи из Америке, па још легну државне инвестиције и кредити одавде... Е, онда ће и његов хотел стајати уз лепу а не уз муљаву речицу.

Златанов се поглед мало подиже и одмах заустави на новој грађевини на супротној страни Муље. Већ су сазидана три спрата, а хотел ће бити четвороспратни. Биће леп, понос града. Идеју за његову изградњу дала је Министарка Звездана Зеленовић, промућурна какву је бог дао. Постојећи *Гранд* постао је права прчварница, па имати леп и модеран хотел данас у Домановићграду прави је посао. Договор је брзо пао, ортаклук склопљен. Да не би боли очи грађанству градоначелник Златан Пришевић и министар Јездимир Зеленовић, за власнице објекта су именоване Златанова ћерка Злата и Јездина Милена. Наденули су одмах и име хотелу – *Златна обала*. Прилично смело, јер муљава обала никако се не може златити, ни у најлепшој реклами, али ево, спас је на видику. Кад падну паре из Америке и Републике за *Алем*, преостаће и за уређење Муље, па ће се и њена обала сијати и златити. Од тих средстава нешто ће се ваљда прелити и у изградњу хотела; он јесте приватни, али биће на услузи граду и његовом гиганту *Алему*. Та где ће одседати будући угледни гости и пословни људи из земље и иностранства – ваљда не у прчварници *Гранду*, због кога би итекако трпео посао *Алема*. Сад Златан види пуним очима колико је Звезданина идеја о изградњи хотела била далековида.

Загледан и занесен у будуће здање *Златна обала*, председник Пришевић није опазио кад су му се пришуњала два пензионера.

– Еј, момче – обрати му се онај што му је пришао ближе, по имену Спира – како се ти то понашаш?

Други пензионер, Ђора, вуче колегу натраг и све му нешто намигује. Али Спира се отима, утурњичио се, не боји се он ни младих, ни силеџија, хоће да истера своје.

– Извините, чича, а како се ја па понашам? – љубазно запита градоначелник. Мило му је што стари мештанин не само не зна ко је он, него га још сматра младићем упркос поприличне ћеле.

– Газиш траву са своју „мечку", а само што је пркнула – наставља осорно Спира.

Златан се извини својим старим суграђанима, ето, замислио се и занео неким важним бригама, па није приметио да су му се два точка мало попела на травњак. Сад ће он одмах склонити свој ауто.

13.

Чим су остали сами, пензионер Ђора запита свог исписника Спиру зна ли кога је то тако оштро напао. Спира се брецну и на њега: што не би знао, један од оних новокомпонованих што су се накрали и нафатирали, па сад бесне и мисле да могу да раде што им падне на памет. Па ако су се већ обогатили, нека купе, ако већ нису научили, и мало културног понашања.

– Видим да ће ти носим цигаре у апс! – зачикава га Ђора. – Није бре тај на каквог мислиш да је, налетео си баш на преседника Општине!

– Преседник? – Спира не би баш да поверује, да би се потом још више заинатио: – Е, заболе ме овде доле ако је и преседник. Да сам га само препознао, кукала би му мајка. Наместо да даје пример, он први крши прописи!

– Море љут си што касни пензија, па ти преседник крив – зачикава и даље Ђора.

– И крив је. Ко све данас није преседник!

– Па сам си га гласао.

– Ја? Нешто се баш не сећам.

– Гласаш за социјалисти, а он је њиов. Богме, и прави је *социјалиста,* држи бензинску пумпу, његов је и бензин, и цигаре на улицу. Видиш оно тамо преко што се зида? Е, и то је његово.

– Ајде-де, ти користиш сваку прилику за критику – љутну се Спира. – Пружи ти се прс, ти целу шаку. Да нису нешто бољи ти твоји из опозицију? Само буне народ, све раде да зграбе влас.

– Па опозиција се и бори да смени позицију. То је суштина парламентарне демократије – учевно ће Ђора.

– Ти држи лекцију на твоји унуци, нећеш мени – успротиви се Спира. – И да знаш, мајковићу, ти твоји никад неће доћу на влас!
– И не мора, а ти немој да кукаш кад касни пензија.
– Јес, твоји ће исплаћују редовно.

Још мало су се прегањали љути противници Спира и Ђора, па су заћутали. Изгледа да су заборавили и око чега су започели расправу, и зашто уопште полемишу. Наставиће шетњу обалом Муље до нове прилике за свађицу. Најчешће око политике. Два исписника и колеге на послу, чим су отишли у пензију, а некако се то подударило с увођењем вишестраначке демократије, поцепали су се политички колико из убеђења више да би имали о чему да разговарају, и да се споре, док шетају крај реке.

14.

Да није био толико опседнут „Американцима", председник Златан не би се сигурно запутио кроз Циган-малу, која се са старом пијацом у суседству, претворила цела у бувљак. На обе стране калдрмисаног сокака с пуно рупчага, на портабл-сточићима, картонским кутијама или просто разастртим најлонима, два реда „тезги", где се нуди најразличитија роба – од шверцованих „крпица", техничких и прехрамбених дрангулија, до старудија за какву све не сврху. И домаћи и увозни еспап од Балтика до Црног мора. У та давна времена кад се догађа ова прича (јер све што уђе у причу поприма мирис давнине!), бувљаци су се били толико разгранали по свим нашим местима, да нам је цела земља личила на један велики бувљак. Сви су нечим трговали, све сам го трговац до трговца, и још голије њихове муштерије.

И председник Пришевић, наравно, није имао ништа против бувљака јер га је сматрао веома корисним вентилом за регулисање социјалних тензија. Ту свакако може да прода нешто од своје старудије и тако преживи, а ако је предузимљивији, и да прошверцује у торбетинама много тога из Турске, Бугарске, Румуније, Украјине, Русије... И све је то јефтиније и приступачније џепу потрошача него у радњама, па сиротиња, у коју се све више сврставају и до јуче имућнији друштвени слојеви, има илузију да је некоме доскочила. Зато и бувљак врви од муштерија – продаваца и купаца. И сви су задовољни. Зашто би онда био незадовољан градоначелник? Утолико пре што на бувљаку дилери продају и његове цигарете и бензин, па је и сâм на неки начин део те свеопште представе. Он једноставно не би, да није био занесен, потерао своју повећу лимузину кроз сву ту гунгулу, првенствено због тога што је тешко туда се пробити а не изгубити грдно време. Али, кад је већ заглавио, мораће и да се чупа. Мрдне, па стане, свирка, али суздржано да не би наљутио пролазнике, а они се као заинат стално врзмају баш пред његовим аутом. Неки се чешу о лим, а неки богами и лупе у њега љути што се неко намерачио да толику лимузину прогура баш кроз највећу гужву.

Након пола сата тортуре, градоначелник успе некако да пређе тих пола километара бувљачке територије и избије на улаз у град из правца Аеродрома. Сад је већ могао и да се зарадује, јер крај пута стоји његова лепа бензинска пумпа. Леп јој је и натпис – ЛИЗА. До пре коју годину то је била загребачка ИНА, а кад се заратило с Хрватима, пумпа је остала без власника. Затим јој се, у време транзиције капитала, ипак нашао поседник – Елизабета звана Лиза, лепа супруга градоначелника Пришевића.

Неколико аутомобила стајало је у реду за бензин. Златан паркира свој црни *мерцедес* поред црвеног жениног *аудија* из последње серије. Пролазећи крај точиоца бензина, показа му главом на свој ауто:

– Рале, напуни га кад мало рашчистиш гужву.
– Нема проблеми, госн преседниче. Госпођа Лиза и госпођица Злата су у канцеларију – додаде точилац Рале за газдом који је улазио у здање бензинске пумпе.

15.

Златан затече жену и ћерку у препирци. Матуранткиња Злата, која за месец дана завршава гимназију, хоће одмах потом на летовање у Грчку с некаквим мушко-женским друштвом. Мајка Лиза држи да је прерано да се она на дуже издваја с момком. Да покаже како је већ оформљена жена, ћерка се испрси. Лиза то и сама види, пљунута она у тим годинама, када је већ увелико перјала с мушкарцима. Исход је могао да буде поражавајући да у последњи час није налетео Златан, у то време омладински председник Домановићграда. Млади руководоилац зачас је улетео у замку атрактивне платинасте лепотице. Замку? Зар је имала избора? Последња њена велика љубав био је Александар Спасић, у то време руководилац пропагандног сектора великог *Алема*. Била му је секретарица и веза је била неизбежна. Али он је није узвраћао истом мером, напротив, чак је избегавао да је изводи, кобајаги није згодно да се у малом месту, какав је Домановићград, сазна како се један руководилац забавља са својом секретарицом. Ипак, обећао јој је да ће се све озваничити кад подухват око *Алема* буде успешно завршен, па онда свет може да прича шта хоће. И, на сам дан свечаног отварања *Алема*, изгубивши и стрпљење и наду, Лиза је саопштила Саши да је трудна и да не долази у обзир никакво побацивање. Притешњен, Саша је поново обећао да ће се узети чим прође церемонијал. Међутим, ствари су се нагло преокренуле, *Алем* је изненада потонуо као *Тиūаник*, повукавши за собом многе амбициозне предузетнике, међу којима се нашао и млади Спасић. Да се склони од бруке, он је колико сутрадан отпутовао са сестром и зетом у Америку. Кад је Лиза то сазнала, било је већ касно; он је испарио, а њен трбух ускоро ће почети да се примећује.

Омладинског руководиоца Лиза је упознала баш оног дана кад је отворен Домановићградски аеродром. Ту се слило целокупно општинско руководство да дочека први авион и у њему високу делегацију из престонице, на челу с великим домановићградским покровитељем Велимиром Мајсторовићем, чланом Председништва ЦК СКЈ с почасном титулом „Титов саборац". Кад ју је Саша оставио у аеродромском холу, да би се сâм прикључио општинској елити, где за његову секретарицу нема места, пришао јој је један младић с очитом намером да јој се набацује. Прихватила је изазов само да би узвратила ономе који ју је одбацио као исцеђену крпу. Није га узела озбиљно, мада је младић испољио велику упорност, наглашавајући да није никакав ветропир већ руководилац општинске омладинске организације. Свеједно, тада се захвалила и на понуди да је повезе до града, али се тога сетила сутрадан пошто је сазнала да је Саша испарио. Под оптерећењем свог трбуха, Лиза је видела спас у омладинском председнику. Из просторије *Алема*, где више није било ни младог шефа, нити икакве пословне активности, телефонирала је у омладински комитет и, кад су је спојили са Златаном Пришевићем, пожалила му се да је остала без шофера, а неко јој је нудио превоз... „А, то сте ви... Лиза, зар не? Па, нашли сте новог шофера." Како би цео процес убрзала, изашли су исте вечери, да би га већ сутрадан навела да је позове у свој момачки стан. Како није могла да одоли његовим чарима, завршили су у кревету. Тачно четири недеље након тога стидљиво му је рекла да јој касни. За разлику од Саше, Златан се обрадовао као дете што ће постати тата и замолио је да се уда за њега.

Осам месеци после првог Лизиног одласка у Златанов стан, родила се беба којој је унапред било одређено име – Злата. Да је било мушко, био би Златан. Била је то изричита Лизина жеља, на шта је Златан био веома поносан. А Лиза је тиме желела да што више подиђе свом мужу, одагна његову евентуалну сумњу у очинство. Црв сумње се ипак појавио. Приликом прве посете Лизи у породилишту, иако обазриво, више као узгред, Златан је набацио да се породила мало прерано. Она је спремно узвратила да је и лекар то закључио, али не мари, беба је здрава и лепо напредује. Важно је да она има млека, при чему је Лиза мало подигла своје набрекле и отежала дојке, у које је Златан, као уосталом и сви мушкарци које је познавала, био заљубљен као велика беба. На томе се све завршило. Ни у чаршији није било неких посебних оговарања; уосталом, нико им није светлио шта су, и откад, пре брака радили.

16.

Али човек је сложено биће. Све што се у њему збива у некој је узрочној вези. Ако се данас лиши нечега, већ сутра се јавља потреба да то надокнади на други начин. Опседнут својом платинастом лепотицом, Златан нипошто није желео да окрњи идеал своје љубави тиме што ће изражавати сумњу у Лизину искреност. Уосталом, ако би прихватио могућност њене подвале, то би неизбежно водило разлазу, а он није могао да је изгуби ни по коју цену. Али људска психа, бар подсвесно, тражи надокнаду. Пошто је био понижен, узвратиће јој истом мером.

Најпре је то учинио с општинском куририком Катом. Једном се задржао после радног времена, а она закаснила с поштом и улетела у његов кабинет не очекујући га више тамо. Онако зајапурена од јурњаве и раздрљене блузе, у председнику намах побуди ниске страсти. Нешто је и начуо од свог шофера да је мераклика. И Златан одлучи да искористи прилику. Она би да изађе, извињава се, али је председник задржава. Узима лично из свог бифеа флашу француског коњака и две чаше, баш му се нешто пије, а у друштву иде боље. Куцну се, намигне јој, нека се ништа не устручава што је он председник, сви су људи исти, од крви и меса. Најзад, она је женско, а он мушко. Курирка је сконтала његову филозофију као два и два, па је и сама почела да навраће воду на исту воденицу.

С Лизом је водио од почетка чисту и умивену љубав, док је ово с курирком на фотељи и тепиху било животињско и прљаво. Али он је баш то и желео. Ваљајући се по кабинету с Катом, Златан је уживао у двоструком задовољству: колико у самом нечистом и грешном сексу, много више у прљању платинасте богиње Лизе. Да је уместо курирке била нека атрактивна лепотица, задовољство би било безначајно, све би се претворило у имитацију љубавног чина с Лизом. С њој равном супарницом, не би је деградирао; с недостојном јој курирком, освета је била права и потпуна.

Пошто му се љубакање с курирком осладило, оно је учестало. Потом се репертоар проширио и на дактилографкињу Дару и чистачицу Цену. Што нижеразреднија партнерка, то веће задовољство. И Златан као да је тиме успоставио равнотежу у себи. И са Лизом. Али, остала је Златица. Чим би јој се приближио, севнуло би питање је ли она његова крв. Тако је било од њеног рођења. Истина, одмах после те јеретичке примисли долазило је кајање, па је према детету испољавао нежност каква се ретко виђа код очева и кад је реч о њиховој мезимици. Осећајући, пак, превелику очеву слабост према њој, размажена Злата знала је да се тиме добрано окористи. Кад год би нешто желела да истера с родитељима, знало је да ће код оца увек лакше проћи него код мајке.

Тако до данас.

– Уосталом, ево ти оца, па реши с њим – закључи Лиза препрку с ћерком.

Кад њих две, упадајући једна другој у реч, успеше некако да објасне Златану у чему је спор, он први пут не стаде потпуно на Златину страну.

– Ће разговарамо кад се обе смирите – донесе соломонско решење. Затим ће Лизи, значајно: – Дошли Спасићи из Америке. Слађа с мужем и твој бивши шеф.

Осетивши изесну алузију у Златановим речима, Лиза поћута нешто дуже, па као незаинтересовано запита:

– Шта сад оће?

– *Алем*. Оће па да покрену *Алем*.

– Зар није све то већ одавно мртво...

Ма колико се трудила, Лиза ипак није могла да сакрије узбуђење и због помена *Алема* и због повратка свог некадашњег принца. Хтела је да га мрзи, и мислила је да га мрзи, откуд сад жеља да га види? Можда зато што би желела да му каже једну једину реч: „Издајице!" Само да види како ће реаговати.

Златан опажа руменило на женином лицу. Посумња да је петљала с тим Спасићем и прогута горку пљувачку. Далеко лакше било би му да је Лизи бар успело да одглуми равнодушност. Тло под ногама поче да му измиче и он се спусти на слободну столицу у углу канцеларије. Док је Саша био далеко, и опасности као да није било. Сад је ту и ко зна шта му се врзма по глави. Да ли и Лизи?

Ако се испрва обрадовао повратку Спасића из Америке, сад увиђа да се залетео. А онда је у себи почео да развија теорију о предности општег над личним. Човек на његовом положају мора личне ствари да подреди општим. У том жртвовању он се ето, издигао у личност великог мученика, хришћанског или комунистичког, свеједно. Наравно, и Златан, као и сви његови идејни истомишљеници, није више комуниста већ социјалиста, као што није више ни против вере и цркве, мада то не значи и да је постао религиозан. „У политици мора да се буде прагматичан", знао је рећи у уском кругу истомишљеника. „Ако је данас корисно да се реч комунизам замени речју социјализам, јер такви ветрови дувају, не треба да се око тога превише лупа глава. Ако преко вере и цркве такође могу да се добију присталице, нећемо да будемо гадљиви на целивање крста. Политика је прагматика!" закључивао би своја теоријска разматрања председник Пришевић. И наилазио на одобравање својих слушалаца.

Златан би даље развијао своје мисли: „Ако је некад била предност да се буде пролетер, да се нема приватно власништво, данас важи правило да човек који нема ништа, који не уме да стиче, неће да зна ни како да води предузеће, општину, државу, народ. Успешност на приватном, гаранција је успеха и на друштвеном плану. Ево ја, на пример, не се устручавам да нешто стекнем. Мало трговина, пумпа, хотелчић... Кад то не бих умео, како бих знао да водим општину? У овим захукталим променама, и способни људи, комунисти или социјалисти, мора да се мењају. То је дијалектика, како смо некад учили. Притом, ми нисмо одступили од својих основних принципа. Само смо се прилагодили."

Тако је, у часовима надахнућа, знао да говори Златан Пришевић, себи и својим блиским сарадницима. Стога се, као послован човек, одмах и одушевио идејом „Американаца" да се обнови *Алем*. Лична осећања и такве ситнице не смеју да утичу на пословне одлуке.

– Ајмо – пресече његове мисли Лиза и он се штрецну. Учинило му се да жена хоће да иду код „Американаца", код свог Спасића.

– Што брзаш? – покуша да мало одгоди посету.

– Па сам си рекао да ћемо дома да расправимо ово с твојом мезимицом – разложно узврати Лиза.

– Ааа – лакну Златану. – Па, да идемо.

– Ја нећу – брецну се Злата. – Ти си издајица! – севну на оца.

– Златице, име моје, све ће се среди, немој одма да се дуриш – Златан приђе и помилова је по коси. У њему је прорадила стара грижа савести да је недовољно сматра својом ћерком.

Али у том тренутку зазвони телефон и Златан подиже слушалицу.

– Госн преседниче, ноћаска ни зауставили на границу четири цистерне и два шлепера...

– Долазим! – прекину Златан свог саговорника на другом крају телефонске везе. Био је то шеф магацина Пера. О осетљивим стварима не разглаба се телефоном. У последње време све је више под утиском да и њега прислушкују, и то нико други него баш његова, општинска безбедност.

– Морам до магацин, неки проблеми на границу – објави Златан својим дамама промену плана. Пошто поново помилова ћерку по златастој коси, нежно додаде: – Брзо ћу ја, па после ће се договоримо за твоју Грчку.

Пре него ће изаћи, баци поглед на жену, хтеде и њој нешто да каже, али одустаде и само јој упути упитни поглед. Она на то обори главу.

18.

Златан се извезе према Аеродрому. Близу пристанишне зграде обиђе жицом ограђени аеродромски простор и ускоро се нађе на споредном улазу. Испред спуштене рампе стајао је мањи камион покривен церадом; млади десетар је проверавао возачеву специјалну дозволу за улаз. Међутим, чим спази познату му црну лимузину, одмах прекину контролу камионџија, поздрави војнички градоначелника и даде знак војнику с аутоматом о рамену да подигне рампу.

Ушавши у аеродромски круг, Златан се усмери ка великом хангару. Пред њим затече десетак камиона и комбија код утовара „картона" цигарета, те пластичних или металних буради, канти и канистера с бензином. На улазу у хангар владала је прилична гужва, једни су улазили, други излазили. Чула се и понека псовка због тога што се некима дозвољава да узимају робу преко реда. Златан не обрати пажњу на то, има увек некога ко се буни, коме није право. На почетку председничке каријере био је наумио да што више интервенише, али је убрзо схватио да Дрина има превише кривина.

У хангару још већа гужва. Из двеју цистерни точио се бензин у бурад постављену на колица. Најмање десетак њих стајало је у реду с тим покретним направама. Мало даље, друга цистерна, иста слика, с тим што се из ње точио дизел. У дну хангара, претвореног у магацин, пак, делили су се „картони" цигарета с натписима: *Lord, Camel, Marlboro, Lucky strike, Kim, Partner, Pall Mall* и још неких познатих фирми.

Задовољан што посао цвета, Златан заобиђе гужву и уђе у канцеларију, заправо стаклом ограђен простор из којег се руководило читавом операцијом. Добар део тог провидног паравана био је испуњен муштеријама. И они су стајали у реду, овде пред благајном да уплате за робу. Благајница је била млађа подебела жена, која је педантно бројала новац, што се онима у реду чинило да је споро, па су се нервирали. Посебно им је ишла на живце кад би подигла новчаницу према неонској цеви на плафону да провери да није фалсификат. Кад би до ње допро и полушапат негодовања, зауставила би читаву операцију и одржала мало предавање: „Радим са девизе! Сваки дан се појављују фалсификати. Кој се брза, врата су му отворена"! и притом је подебелим прстом показивала на улаз у хангар.

– Госн преседниче, ви већ стигосте! – поскочи магационер Пера. Његов радни сто налазио се на супротном крају „канцеларије". Био је црнпураст и бркат, грмаљ а тихог гласа. Па и стисак руке био му је далеко испод капацитета мишића, што Златан примети и овом приликом. Пера хтеде да уступи своје место газди, али овај одби, привуче једну шамлицу близу стола и одмах упита у чему је проблем.

– Требаше да стигну јутрос четири цистерне и два шлепера. Чекали, чекали, па ја окренем Везића на царину. Македонски цариници, каже, нешто зајебавају, можда им мало што добивају... Он је лично ноћас, кад су отишли *умирофорци* на спавање, прелазио границу да ургира да се пушти конвој. Колеге тамо рекли му, каже, да они ништо не могу, „работата е до Скопје". Па сад ви, госн преседниче, видите преко ваши канали...

– Мамчето им га! – процеди Златан кроз зубе. – Чокалијска работа, да искамче још неку иљадарку... Добро, Перо, ви терајте посао, то ће средим ја.

– Добро, госн преседниче – устаде Пера да испрати газду. Успут му напомену: – Ђе ни треба још нека пропусница, јављају се муштерије из друге општине.

Златан климну главом и, пошто се понови млако руковање, изађе из усковитланог хангара.

19.

Пошто паркира ауто пред главним улазом у аеродромску зграду, Златан се упути право у канцеларију мајора Облака Секулића. Овога изненади ненајављена посета угледног госта, али му Златан објасни да је био неким послом у хангару, па свратио накратко да и њега посети. Пре него ће се спустити на полуфотељу, затражи да му мајор потпише још неколико пропусница. Додаде да није баш рад да се круг превише шири, али како сад да одбије људе. И мајор је био предусретљив и мека срца попут председника Пришевића, па сместа извади из стола свежањ пропусница, које иначе издаје својим војницима за излазак у град, али добро дођу и као специјалне дозволе дилерима за улазак у аеродромски круг.

Мајор потписа три-четири папирића, али га Златан покретом главе охрабри да настави.

– Потпиши више, нека се нађе, да се с тим често не бакћемо – додаде председник.

– Разумем – узврати мајор и настави да уписује свој аутограм. Кад се на столу нагомила повећа хрпа цедуљица, он поче да по њима удара и печат. Пошто заврши и са тим, мајор пружи Златану свежањ пропусница и искористи прилику за мали коментар: – Ја извршавам своје обавезе... И хангар, и обезбеђење, па и ове пропуснице, рука ми се умори од потписивања.

Златан махну руком да га прекине.

– Добро, добро, послаћу ти сутра коверту. За неко повећање нема збора, то смо рашчистили ономад, ле л' тако? Јес да се код мене слива подоста девизе, али и ја, као што знаш, имам пуно рупе да попуњавам, многи ми се натоварили...

– Разумем то, али моје обезбеђење је по пропису...

– Тако и треба, па ви сте војска. Где ће да буде ред и дисциплина, ако не код војске? Само ти, мајоре – Златан се насмеши како би разговор превео на необавезнији терен – не мораш толико да се разбацујеш. Сваки дан чујем за твоје лумперајке по Дому Војске и *Гранду* са женскама. Па не мораш свакој златно ланче и *Диор*.

Мајор то не схвати као прекор. Њему годе приче о његовим освајачким подухватима по Домановићграду.

– Да си видео шта ми је јуче слетело овде! – похвали се мајор Секулић. – Расна црнка, да ти памет стане. Још и Американка...

— Знам за коју причаш – прекину га Златан. – Ту немој да се мешаш.
— Зар није загарантован слободан лов? – покуша мајор још у шаљивом тону, али, као да је враг однео шалу, његов угледни гост већ се видљиво уозбиљи.
— Имаш ти свој Дом Војске, а за Американку, ако нешто извољева, ће се побрине Општина!

20.

Чистачица Цена вукла је тамо-амо по ходнику велики усисивач, чекајући да секретарица Живка напусти канцеларију. Нестрпљива је јер је видела како се председник вратио на крају радног времена, што је за њу био посебан сигнал. Најзад уштогљена Живка одлази према степеништу не приметивши чистачицу, која се намах склонила у једну празну канцеларију као крадљивац. Цена сачека мало, па одвуче усисивач у секретаричину собу. Пошто откопча још једно дугме на блузи, тако да још више откри груди, закуца на врата председниковог кабинета. Нема одговора, чује се само како Златан окреће бројчаник телефона. Али њој и није потребна дозвола да упадне у кабинет.

Окренут леђима, председник упорно покушава да успостави везу. Цена одлучи да га изненади, па му се прикраде на прстима. Баш кад он викну „ало", она полеже прсима на његов потиљак. Златан се уплаши, скоро поскочи, јер се био сав предао успостављању везе с важном особом. Али зачас све дође на своје место. Осетивши мирис и мекоћу Ценених груди, окрену лице на ту страну и његов нос заврши између набреклих лопти. И као заинат, баш у том трену прекида га звонки глас из слушалице, коју не склања са увета. Као да тај глас и види шта он ради, затечен Златан одгурну Цену, те се она нађе у чуду. Шта би сад, никад раније председнику нису била важнија телефонирања до ње. Одлучи да се наљути, па се окрене да пође, али је Златан дохвати за сукњу, притом захвати и мало до њеног подебелог гуза. Разнежен тим захватом, пошто покри микрофон слушалице шаком, шапну Цени да се врати за петнаестак минута. Тек кад јој мангупски намигну, жена се одљути, насмеши и, излазећи из кабинета, зањиха позамашним боковима.

— Извињавам се, госпођа Звездана, овде неки персонал...

— Ништа, ништа — узвраћа звонак глас — само се питам шта је то толико важно да усред ручка... Да не гори Домановићград?

Златан се извињава, није обратио пажњу на време, занео се послом. Али има нешто важно да саопшти, две ствари, добру и лошу, што се каже.

— Ајде, Злате, почни с оном лошом, не бој се, неће изгубимо апетит — весело расположење не напушта Звездану. — Ено га министар Језда како лапа.

— Поздравите господина Језду и извините ме због узнемиравања... Као што реко, имам две ствари... Она лоша је да Македонци па нешто закерају...

— Знам — прекиде га саговорница. — Већ су ми се жалили јутрос и други наши... Језда је разговарао са Трпетом... са Скопљем. Рачунај да је то већ сређено. А оно друго, лепше?

— Нећете да ми верујете, али овде су наши Американци!

— Који, бре, Злате, Американци?

— Спасићи. Саша и сестра му Слађана, па Слађанин муж, неки Џон Мекдоналд... Мислим да је Шкот... у ствари, сад сви Американци...

— А, бре, Злате, тако ми петљаш као да су дошли да ти запале Домановићград. Знам ја Сашу, радили смо заједно, не треба да ми га представљаш. Кажи ми само кад су дошли и шта раде ту?

— Јуче, дођоше јуче. Не знам докле ће остану, само знам да имају на уму велики план.

— Који па сад план?

– *Алем*! Оће да обнове *Алем*, да уложе капитал... Онај Шкот, Спасићев зет Мекдоналд, кажу, много је богат, па оће овде да инвестира...

– Стани, Злате, па то је озбиљна ствар није за телефон. Ја ће разговарам са Јездом, а већ сутра сам тамо.

21.

Како се приближавао викендици, од узбуђења је Саша растао као квасац. Двадесет година је прошло, а он још не може да заборави слику Звездиног раскошног тела. Сада му је на домаку. Лаура, његова сад већ бивша жена у Америци, пореклом Италијанка, у много чему наликовала је на Звездану, али копија никад не може да замени оригинал. Звездана је била и остала његов симбол жене. Кад му се из викендице јавила својим још увек звонким гласом, сместа је сео у Горанов такси, који већ користи без возача, и ево га надомак сна.

Сав усплахирен као и онда кад се према њој опходио као дечарац, покуца алком о врата викендице. Нестрпљив, понови лупање. Изнутра најпре тишина, па тихо шуштање. Ту је! Још мало и – врата се отварају. Из полутаме, јер су сви застори на окнима били спуштени, помаља се крупна женска силуета. Али беласају се њен широки осмех, набубреле груди између дубоког декoлтеа и пуначке обнажене руке до рамена; све остало прекрива црни, полупрозирни огртач.

Пролазећи поред ње, хтео би да је зграби, али се уздржава. Боље да њој препусти иницијативу, она то уме боље. Након неколико корака стаје; она га не прати. Окрене се, Звездана, пошто је закључала врата, још стоји код улаза.

– Магаре није дно! – прекоре га изненада, али уз осмех. – Толике године те чекам.

Он покушава да објасни како се међу њима ништа није променило, али она га прекида узевши га за руку. Води га до лежаја у дну дневне собе. Кад Саша опази прострти бели чаршав, баци се на њу као гладна звер, али га Звездана опет обуздава. Заповеди му да се спусти на лежај, а сама приђе касетофону и укључи га. Зачу се тиха, анимир музика. Звездана поче лагано да извија својим раскошним телом као да је на барском подијуму. Затим полако, у ритму, повуче с рамена огртач и он склизну и заврши на поду. Остала је у чипканом прслучићу и гаћицама. И тај део њене интимне одеће био је црне боје. Пошто се још мало њихала у ритму музике, Звездана приђе Саши и потури му своја прса. Он помахнитало отргну прслучић; ослобођене, њене дојке најпре поскочише, па се пљоснуше по трбуху. Свесна њихове опуштености, Звездана не дозволи да је такву дуже гледа, већ се простре по њему. Од њене тежине, обоје се нађоше опружени на лежају. Након дугог и страсног пољупца, она га упита:

– Сад, као Американац, сигурно волиш порниће?

Зачуди га питање; ипак, потврди. Она се на то насмеја. Њему тада сину да је она намерно извела предигру као у неком порно-филму који је видела. Питао се чему све то кад га она узбуђује без икаквих керефека, али мекота њених прсних лопти већ га је толико омамила да више није могао ни о чему да размишља.

Звездана, међутим, наставља своју игру. Свлачећи сад њега лагано, настоји да подстакне што веће узбуђење и код њега и код себе. Њега ово одуговлачење мучи, али као и раније кад би се нашли у кревету, он је препуштао њој да води игру. Али овога пута изненађење за изненађењем. Кад га је свукла, спустила се наниже и почела прстима да се поиграва његовим „малим", како му је некада тепала. Кад се „мали" поприлично ускочопери, узела га је у своја врела уста. Нема шта, закључио је, Звездана се модернизовала.

После га је зајахала и галопирала до циља, где је произвела такве крике као да се доле пробола на нож. Онда се окренула потрбушке да би је, као и раније, он зајахао отпозади. Њени гузови уздизали су се као два снежна брда и он је кренуо у планинарску експедицију по кланцу између та два узвишења.

– Овако ја само с тобом – објасни своје поступке Звездана кад су се, после страсног боја, опружили. – Кад смо се толико начекали, да нам нови сусрет остане незаборован.

– Ма, ти си мајстор за узбуђења – похвали је љубавник.

– Да ли сам бар близу до твоје тамо Американке?

– Какве Американке, све су оне феминисткиње. Ти си за њих краљица секса!

– Мало сам се угојила – ухвати се Звездана за трбух.

– Не мари, боље кад има шта да се ухвати – понови Саша стару мушку похвалницу.

Поглед му се заустави на њеним размаклим дојкама, које су биле склизнуле низ падине грудног коша на обе стране. Брадавице су још биле усправне и набрекле, али тамни кругови око њих били су смежурани. Не желећи да и даље буде сведок њеног старења, Саша подиже поглед навише. Али ту га дочека повећи подваљак, као да је испод браде била увијена бела марама, а мало више још и опуштени образи као две полупразне кесе. Зажмури.

– Спаваш? – зачу Звездану.

– Не, само се опуштам.

Она се налакти и пољуби га у оба ока.

– Магаре ниједно – понови прекор. Пошто се поново завали, упита: – Сад ми кажи зашто си се вратио? Да подмириш старе рачуне?

– Па, ако се може. Ти си сад Министарка, знаћеш да ли може.

— Тај твој зет, је ли он прави Мекдоналд, онај што има хамбургере, и те ресторане?

— Не, није тај, али и овај није за потцењивање. Џон држи ланац самопослуга, а има и друге послове и акције.

— Па колико тежи?

— Прилично. Могао би овде да уложи и неколико милиона.

— А санкције, ће му дозволи Вашингтон?

— Све има свој крај. Ту смо да припремимо терен. Златко каже да све зависи од твог Језде, сад је он министар.

— Па, зависи... Али он се једанпут овде опекао.

— Ма, тада нас зајеба Турчин.

— И Турчин, и наша браћа. Језда често каже да је то било масло оних из Љубљане и Загреба. Нису могли да дозволе да их једна Србија, посебно њен неразвијени Југ, претекне. Били су љубоморни и подметнуше нам Турчина.

— Лакше бих разумео да је све закувано у Сарајеву, муслиманска веза...

— Море на муслиманску карту боље игра католички Запад. Хрвати су и у Другом светском рату муслимане звали „цвеће Хрватства", па и сад их користе против нас у овом, нашем рату.

Саша се издигну и налакти. Гледао је Звездану са дивљењем.

— Ти си, мај дарлинг, постала права политичарка, као Милери, жена америчког председника!

Почаствована високим комплиментом, Звездана се насмеја.

— Па, не зову ме џабе Министарка. Око Језде и мене сад се воде само високи разговори. Да сам мечка доведена са планине па ће научим нешто.

— Ниси ти ни пре била наивна, али сад би могла да будеш и прави министар, а не само Министарка.

— Није ми лоше ни овако. Радиш из сенке, нико те не види, а ти све видиш и све знаш.

– И ја спавао баш с таквом женом! Почаствован сам – нашали се Саша.
– А зар ја па нисам, имам Американца за љубавника! – прихвати шалу Звездана.
– Још да замислиш да сам президент Вил Шрафтон!
– Што да замишљам, кад нас он јебе па јебе. Нарочито наше Гогољеве.
– Кога?!
– Њега, па и Њу. Стварно не знаш који су то наши Гогољеви? Па Они, наш Вођа и Његова Другарица, са станом у Гогољевој на Дедињу.
– А, Он и Она! Јес, капирам.
– Они сад пале и гасе. Без њих се ништа не може, па ни *Алем*, због кога си дошао. Ако се уклопимо у Њихове планове, све ће потече као по лоју, ако не, ништа. Онда ти џабе и твој Мекдоналд, и његови долари.

Саша је већ био на родном тлу, сасвим се „вратио" из Америке; потиснуо тамошњу економску логику да би се уклопио у српску. Што ти значе корени! Зет Џон сигурно ништа не би разумео од Звездине приче.

– Лук – поче Саша енглеском узречицом – па ти као Министарка свакако добро знаш да ли се уклапамо.
– Ће се зна у петак.
– Зашто баш у петак? Шта се тада догађа?
– За Домановићград крупан догађај. Долази нам Она, посета на високом нивоу!
– Високи ниво?! Колико знам, Она нема неку државну функцију...
– А, има Она све функције. Формално води једну малу партију, али та партија практично контролише све и свашта. Зато, где год се појави, ствара пометњу. Али Она долази због начег другог – због промоције своје књиге.
– Значи, она је и песник?

— Па не баш песник. Социолог, филозоф... тако нешто. Она се залаже за прогресивно друштво, за срећну будућност...

— Лук, знам, то је исто и кад сам пре двадесетак година био овде. Ја мислио да се променило.

— Е па, код нас се све мења да остане исто.

— Све у свему, вреди да се види и чује та Госпођа.

— Другарица! Она је лево оријентисана, комунистички. Лидерка је партије Лево удружених Југословена, популарно ЛУЈ. Ја сам дошла да припремим терен за Њен долазак. Да Златко и ови његови овде нешто не забрљају.

— Лук, рачунаш кад дође овамо, може да се придобије за нашу ствар?

— Остави то мени, не лупај ту твоју лепу главу.

Звездана завуче прсте руке у његов космат потиљак и нежно га привуче себи. Саша полегну преко њених размакнутих дојки, па их обема рукама прикупи и приљуби уз своје образе.

— Може ли твоја Министарка да извољева? ... Ко зна кад ћемо имати овакву прилику, а ти овде имаш и неке старе љубави. Да ли си видео своју Лизу? Она ти је сад овде прва дама, председниковица, као што сам ја онда била.

— Шта, удала се за Златка?

— Зар то ниси знао!? Лиза није губила време кад си ти отишао за Америку, зграбила одмах Златета, омладинског председника. Чекај, ти стварно ништо не знаш?

— Шта још треба да знам?

Саша се извали на леђа, па се сад Звездана нагну над њега и вртећи главом насмеја се.

— Лиза је родила са осам месеци, па сад има матуранткињу Златицу... Не знам колико су други сабрали два и два, али ја сам одма схватила да Златан није могао да буде отац том девојчету.

Саша се сети епизоде на Боровњаку. На сам дан свечаног отварања *Алема*, Лиза му је саопштила да је трудна и да не мисли на побацивање. Тражила је да се узму одмах после свечаности. Обећао је невољно јер није био спреман за женидбу. Место руководиоца у великом *Алему* пружало му је атрактиван живот, па га је и сама помисао на „породично гнездо" нервирала.

– Лук, шта хоћеш да кажеш? – упита, више да би још мало одложио сучељавање с истином.

– Ништо што и сам ниси закључио. Сем ако Лиза у то време није петљала с још неким.

– Нисам јој светлио.

– Ништо немој да се секираш, Златко је одмана прогутао мамац. Виђала сам то девојче, Злате је држи као капку воде на длану. А она, иста мајка. Мало личи и на тебе.

Звездана се на то насмеја, па га страсно загрли.

– Ја луда – шапну му на уво – Лиза, па Лиза. Е, не дајем те!

И њен нови напад беше жесток.

22.

Ујутру, не баш рано, пошто се Саша искрао из викендице да не би компромитовао своју домаћицу, Звездана се спусти у град општинским *мерцедесом*, који је дошао по њу. На Тргу Цара Лазара, на делу пред Белом палатом, наиђе на штрајкаче. Овога пута били су то обућари из ДИОБ–а. Некада је колектив Домановићградске индустрије обуће живео углавном од извоза у СССР. Али, откако је велики парнтер пропао и расцепкао се, па и због санкција, извоз је стао. Слично се десило и с домаћим тржиштем: након распада СФРЈ, остао је преуски простор за безброј обућарских фабрика широм Србије. Звездана зна цео проблем и ништа је не узбуђује сцена на Тргу. Не хајући за незадовољство демонстраната, наређује шоферу да вози равно пред улаз у Палату. Возач мора да труби и тако размиче гомилу да би провукао позамашну лимузину. Његова бојазан да ће га напасти била је неоправдана; демонстранти су чак предусретљиви, они из улицкане лимузине очекују неког важног, а њима такав и треба – да отклони застој у исплати личног дохотка.

Пошто лимузина стаде тик уз најнижи степеник Палате, Звездана доста хитро извуче своју пуначку фигуру са задњег седишта. Неки је већ препознају, па се кроз масу радника поче ширити шапат: „Министарка! Наша Министарка!"

– Донесосте ли нам плату? – прилази јој један од коловођа штрајкача, држећи транспарент с натписом: ХОЋЕМО ДА РАДИМО – ОБЕЗБЕДИТЕ НАМ ПОСАО.

Звездана га ошину погледом, ишчуђујући се његовој дрскости.

– Ја ли треба и да вам доносим плате?! Мало вам је што вам је Језда обезбеђује сваког месеца, па још и да вам је доносимо на ноге! Е па, Домановићграђани, ви га претерасте. Погледајте мало по суседним општинама, тамо плате нису баш тако редовне као овде, а вама ни то није доста, него чим вам не стигне, одма дижете цеву. Господа радници демонстрирају!

– Извините, помислимо кад вас видосмо... – скрушено ће демонстрант с транспарентом. Не би он да је љути, може она и да заврне славину.

– Стрпите се неки дан, ће буде – сад ће и Звездана помирљиво, не би ни она да се свађа с народом. – Не могу ни они у Топчидеру да постигну, људи раде поваздан, али и захтеви расту из дана у дан. Сажалите се бар на њих, и они су радници, и они имају душу. А једино они раде пуном паром, док ви, и многи као ви, ленствујете а примате плате.

Помињући високопродуктивне произвођаче новца, Звездана испољи пуно саосећање према њиховим жртвама. Постиђени, демонстранти устукнуше и готово се и сами растужише над тешком судбином класне браће, који изгарају да би њима обезбедили доходак. Звездана, пак, искористи прилику за још јачи противнапад.

– Замислите да сад и они, због било чега, ступе у штрајк. Ће вас питам одакле паре за ваше плате. Зато, маните се тог вашег протеста и мирно разиђите. Плате ће стигну, само мало стрпљења, господо радници!

Штрајкачи заиста почеше полако да се разилазе. Најпре стидљиво, као и хоће и неће, али чим би прешли Трг, стуштили би се околним улицама на све стране.

Звездана победоносно крену степеништем навише – у *своју* мермерну Палату. Док се пењала, сећање је врати у оно давно, лепо време кад је она лично, као жена градоначелника Јездимира Зеленовића, положила камен темељац за будуће велелепно домановићградско здање. Отад су многе илузије згасле, али Бела палата одолева свим кризама и недаћама и још се бели и сија. Ако ништа друго, да сведочи како се и овде некада планирала светла будућност.

На врху степеништа Звездана се окрену и погледом обујми Трг под собом. Радници су се разилазили, Трг се празнио, док је она на том узвишењу стајала као споменик самој себи и једном времену које пожеле да се врати. А што се и не би вратило, помисли и одлучи да дела на томе.

23.

У сали за састанке на шестом, највишем спрату Беле палате, који је цео припадао партији ЛУЈ, Звездана затече мало, али одабрано друштво. На челу више спојених столова у облику слова П, прекривених зеленом чојом, седи Жарко-Жаре Кривић, месни челник ЛУЈ-а, иначе дугогодишњи директор грађевинског предузећа *Будућност,* који је на захтев радника нетом враћен из пензије на исту функцију не би ли извукао колектив из расула. Десно од њега празна столица, па градоначелник Златан Пришевић. Следи начелник општинског СУП-а Бобан Зеленовић, звани Шериф. Лево од *лујца* Кривића, *есесесовац* Душан-Дуле Брзић, председник Општинског одбора ССС (Странке српских социјалиста). Уз њега Твртко Сератлић, директор обједињених гласила Радио Домановићград и *Домановићградске новости,* те на крају и директор Дома културе, песник Б. Ш. Радичевић (први иницијал је од Борко, имена које је много сметало његовом власнику јер није право песничко, Бранко, а други, оно средње Ш, ту је да се домановићградски Радичевић ипак разликује од своја два славна претходника, Бранка Радичевића и Бранка В. Радичевића).

Господа и другови поскакаше да поздраве угледну гошћу. Она се извини што касни, задржале је неке обавезе, а и иначе ноћас није баш најбоље спавала. Ама ништа није закаснила, узвратише сви хорски, сат-два за њих у провинцији, где се живи и ради спорије, не значи ништа; кадгод дошла, добро је дошла. Усто, искористили су то време да и сами мало претресу предстојећи догађај. Звездана се срдачно изрукова са свим својим земљацима, а са својим пасторком, Бобаном Зеленовићем, који је био у маскирној полицијској униформи, и рођачки изљуби. Звездана да покаже како ето воли децу свог мужа из првог брака, а Бобан како поштује очево право на приватан живот и да не мрзи жену која је заузела место његове мајке. Уосталом, управо се Звездана, пре пар година, својски заузела да Бобан дође на чело домановићградске безбедности, иако је момак, будући свршени библиотекар, имао суптилније претензије – да избије на чело Општинске библиотеке *Радоје Домановић.* Чак је маћехи на то скренуо пажњу, али му је она узвратила да један Зеленовић у Домановићграду може да бира функцију и да је пробитачније бити градски шериф него књишки мољац.

— Па, добро сте учинили што сте поразговарали о Њеној посети и промоцији Њене књиге — похвали Звездана њихову предузимљивост, пошто седе на, резервисано за њу, место уз Кривића. Млада сервирка већ јој је принела послужење, кафу и ђус. — Мора све да се предвиди и изорганизује, ниједна ситница не сме да промакне. Морам да вас упозорим да Она не прашта пропусте. И овако је на једвите јаде пристала да дође у Домановићград. Ипак сте... ипак смо дубока провинција. А поврх тога, нисте се баш ни показали, има Она неке замерке на вас.

Месни руководиоци се ускомешаше, измењаше упитне погледе — шта ли су то забрљали? Изненадила их је, чак препала таква квалификација Домановићграда са Њене стране.

— Шта нам замера, ако се може знати? — упита слабашним гласом Златан.

— Не знам шта све, али оно што је најважније — тек скоро сте формирали Општински одбор ЛУЈ-а, а Она је на челу партије левице већ више година. Значи, касните, другови и господо!

Јесте пропуст велики; ипак, свима лакну, осим Жарету Кривићу.

— Ће се потрудимо да активнијим радом надокнадимо пропуст — обећа челник месних *лујаца*.

— То Њој обећај кад дође — узврати му Звездана.

Затим су се дали на задатак. Челници *лујаца* и *есесесоваца* реферисали су како су руководства двеју партија већ у мобилном стању откад су сазнали за Њен долазак. Градоначелник додаде да је и читав град такође мобилан. Б. Ш. Радичевић — да је његов Дом културе већ на ногама. Директор обједињених месних информативних гласила — да већ Радио и *Новости* грувају о Њој. Ни суповац не изостаде: све је под контролом, његово људство добило је распоред и задатке, а за сваки случај активирани су и резервисти. Дом културе практично ће бити под опсадом, а полицајци у цивилу биће измешани с публиком у сали у којој ће се одржати промоција.

Звездана упозори на опозицију.

– Док сам ја на овом положају, опозиција у Домановићграду неће дигне главу – категорички узврати Шериф.

– Добро, да вам верујем – прихвати Звездана. – Још једном вас упозоравам, Она никоме не прашта. Ко забрља, нека се сели из Домановићграда.

ДРУГИ ДЕО

1.

Салу Дома културе испунили су симпатизери Њеног имена и дела. На позорницу улазе и заузимају места за столом Ауторка и тројица промотера Њене књиге *Отворена писма*. Као по команди, публика их поздравља пљеском, посебно Њу. Истина, ту и тамо се зачује и понеки звиждук, али такав несинхронизовани звук брзо бива надјачан и ућуткан. Кад се жагор стиша, устаде домаћин вечери, управник Дома културе и песник (воли да увек буде представљен као песник) Б. Ш. Радичевић, да поздрави госте. Издвајајући посебно ауторку, он нагласи да је књига коју ће вечерас представити широко позната јер је већ преведена на неколико светских језика, да би поменуо руски, монголски, тунгуски... Она је и истакнути научни радник и универзитетски професор, а поврх свега, предводница партије ЛУЈ (Лево удружени Југословени).

При помену ЛУЈ-а одјекну силан аплауз, што показа да *лујци* представљају знатну већину публике. Неколико дисонантних звиждука и овога пута само је појачало буку у сали.

– Овај аплауз недвосмислено потврђује колико ценимо Њену посету нашој средини и мени само преостаје да изразим неизмерно задовољство што могу да је поздравим у Дому културе на чијем је челу моја маленкост.

Пошто тим речима отвори књижевно вече, Б. Ш. Радичевић препусти микрофон првом промотеру, Тврдку Сератлићу, руководиоцу месних средстава информисања, Радија и *Домановићградских новости*. У својој анализи књиге *Отворена писма* он нагласи да је реч о отвореној, слободној размени мисли, погледа и идеја Ауторке са читаоцима. Будући да није објаснио како се *мисли, погледи* и *идеје* у тој размени крећу и узвратним путем од читалаца ка Ауторки, слушаоцима је преостало да сами закључе како се то подразумева.

– Да су наша средства информисања слободна, отворена и доступна свима који имају нешто да саопште, доказ је и ова књига – настави Сератлић, подижући примерак *Отворених писама* изнад своје главе да сви добро виде корпус деликти – будући да *писма* која пише Ауторка објављују истовремено сва релевантна гласила.

– Само државна! – добаци неко из публике. – Не и независна.

– Могу и та назови независна, нико их не спречава – доскочи му Сератлић с подијума.

Онај из сале хтеде поново да реплицира, али га двојица рмпалија, који су случајно седели баш уз њега, зграбише за рамена и прилепише за столицу. Пошто је изгредник био ућуткан, промотер настави да ређа и друга достигнућа у слободи јавног изражавања и отворености медија за сва мишљења.

– Могу ли и ја да објављујем своја писма? – зачу се глас са друге стране дворане, али је он био још брже ућуткан него његов претходник, јер и поред овога су седела два стасита момка.

Други промотер, Слободан Увлакић, био је шире познат будући да се, као бивши министар и сада ректор Београдског универзитета, често појављивао на телевизији. Он је готово у стопу пратио Ауторку од места до места и од земље до земље и говорио о њеној књизи. И свуда је понављао да у *Отвореним писмима* Ауторка, на научан, али популаран и свима приступачан начин, расправља о актуелним, горућим општедруштвеним проблемима данашњице, дајући притом релевантне и дубокомислене одговоре на многа питања и проблеме који муче савремени свет, а посебно наше друштво и нашег човека. Угледни ректор је ту своју тезу елоквентно елаборирао неких пола часа, да би стигао до саме сржи ствари – Ауторкиног визионарства.

– Посебан квалитет ове књиге свакако је визионарство. Ауторка непогрешиво предвиђа нашу будућност, наше сутра, сва друштвена и политичка кретања у нас, све до персоналних. Тако, на пример, ако у неком од Њених *писама* данас прочитате да има појединаца или група који тако и тако раде и поступају, односно не раде и не поступају, колико сутра можете с невероватном тачношћу очекивати да ће ти и такви демисионирати, бити смењени. Таква визионарска предвиђања својствена су само овој Ауторки и зато је њена књига *Отворена писма* велики, несагледиви допринос науци у сфери друштвеног и персоналног планирања и усмеравања.

– Аферим, ректоре!

Тај неко успео је само толико да изусти јер су га они уз њега сместа ућуткали, тā нису дошли да слушају његово баљезгање него паметне људе и научнике.

2.

Онда је дошао ред на Њу, чија се реч у сали очекивала с нестрпљењем. И жена тршаве плаве косе, са црвеним каранфилом на темену и са шишкама које су падале на обрве, започе своју беседу. Говорила је врскаво-певушавим гласом. Све време лице јој је остало хладно, готово безизразно. За своје слушаоце, међутим, припремила је вешту реторичку замку: излагање је започела једном пријемчивом љубавном параболом.

– Кад га је упознала и заволела, пре коју годину, он је био национални јунак. Један од перјаница борбе за националну слободу. Претпостављам да је сваки други припадник његовог народа био његов обожавалац.

Међу реткима који га нису обожавали била је она. Напротив, она није била његов истомишљеник. За разлику од њега, она је била Југословенка и левичарка, *лујка*. Чудила сам се њеном избору. Касније сам схватила да је она, зато што га је волела, желела да од њега направи оно што није био – југословенског левичара, *лујца*. Није у томе имала успеха, али је била упорна и надала се да ће битку за његову преоријентацију добити.

Прича је побудила очекивано занимање публике. Подсећала је на библијску. Као да ју је срочио неки ранохришћански проповедник како би оне који још не верују преобратио у вернике – путем љубави. Наравно, као и сви људи, и ови у сали здушно су за љубав. Навијају да жена добије битку за преобраћање вољеног човека. А та преоријентација није било каква него покрштавање у левичарство. Да ли ће заљубљена жена у томе успети? Напетост расте.

– Он је изгубио рат. Десило се то за неколико трагичних и кратких сати. Напустили су га сви обожаваоци. Најпре они, разуме се. Обожаваоци своје јунаке први напуштају кад им лоше пође. – Ту Она за тренутак стаде да би с подозрењем погледала у масу својих обожавалаца, па настави: – А онда, напустили су га и сви други. Сви, осим ње.

Кратка, реторичка станка, па наставак приче.

– Ја вам нећу рећи да ли је и он постао левичар. Ви ћете сами завршити ову причу. Ко је од њих био у праву, а ко је грешио. Уосталом, ако сви гласамо за љубав, исход је јасан.

Аплауз. Људи воле срећне завршетке, поготово љубавне. Оно мало неистомишљеника у сали остало је овог апута збуњено Њеном вештом параболом. Тек с приличним закашњењем, кад се већ аплауз стишавао, зачу се један звиждук. Али и он брзо утихну.

– Већ неколико месеци се помињу избори – настави Она равним гласом. – А избори ће уследити тек за шест месеци. Чему, онда, такво интензивно присуство избора у нашем политичком и укупном животу? Да су обична, монотона времена, онда би се та релативно мирна површина живота и могла учинити динамичнијом увођењем у живот страначке игре. Оне разбијају политичку монотонију, чак и ако је привидна. Осим тога, страначке игре отклањају пажњу грађана од стварних политичких и друштвених питања. Већ више од једног века политичке страначке игре служе да се ништа у друштву, заиста ништа, не реши. Решење за своје проблеме друштво ће наћи у неком другом облику свог организовања. Новом, другачијем, беспартијском. Под притиском, спољним и унутрашњим, ми смо увели вишестраначки систем. Али, чему све то? Ми се, *лујци*, стога спремамо да их сведемо на нешкодљиву политичку декорацију. Да има народ повремено чиме да се забавља. Јер док једни раде на пројектима брзих пруга, гасификације, на откривању нафтоносних поља и рудника дијаманата, други смишљају с каквом краватом да се појаве на телевизији. (Зато смо, узгред, и против тога да се они појављују на телевизији и, као што видите, њих тамо готово и нема). Први су неопходни друштву, а други би своје способности требало да ставе на располагање неком циркусу!

Њени верни следбеници овде је наградише бурним овацијама. Али и мала, по свој прилици доста жилава групица неистомишљеника, потврди њену опаску о циркусу звиждукањем и урлањем „уа". Задужени за ред и дисциплину одлучише да тим циркузантима покажу где им је место. Убрзо је неколико букача, вучено за оковратнике и рукаве, одстрањено из сале. На степеништу Дома културе добили су и ногом по туру.

Сад је скуп могао мирније и једнодушније да настави рад. Ауторка пређе на своју нову омиљену тему – трансформацију својинских односа. Састају се, помену, економисти, банкари, привредници. Иако већ неколико година забринута, наша јавност је добила још једну бригу.

– А те бриге уопште не би требало да буде. Све те промене које се нуде само могу да заварају људе. Оне ништа боље не доносе. Зато их треба на време и с разлогом спречити. Уосталом, запитајмо се јесмо ли за капитализацију која нас враћа у најамнички однос као на Западу или смо за социјалну својину која нам обезбеђује слободно и срећно друштво као на Истоку.

Усред аплауза, као пушчано тане – звиждук! Сви задужени за културно понашање публике у Дому културе (позната сорта редара у цивилу која остаје непримећена а сама може све да види) ухватише се за главу. Та зар нису малопре све изграднике одстранили? Откуд сад овај? Како им је промакао? Посебно је био љут шеф тих редара (по свој прилици биће да је то баш Бобан Зеленовић-Шериф), па севајући очима нареди да тај пропуст буде сместа исправљен. И, док је извођено из сале то звиждукало, показа се да и није било лако приметити га: био је малецки жгољавко. Па ипак, феномен, јер му је звиждук испао циновски.

– Дивим се људском роду и плашим се за људски род – Њен тихи и врскави глас поново натера слушаоце да се потпуно стишају како би је чули. А Она је, изгледа, изводила још једну своју параболу. – Дивим му се, јер је у стању да савлада сва зла – тајфуне, вулкане, неписменост, кич и кугу. Једног дана сазнаће и тајне везане за величину васионе, љубав на први поглед, структуру непознатих атома, порекло далеких звезда. А, изгледа, никада неће успети да савлада зло у себи самом, пашће од сопствене руке. – Као да се сама уплашила од властите визије, Она протрља чело испод шишки. Онима у првом реду намах се учини да се загледала у себе. Ипак, смогла је снаге да настави: – Уза сва та зла – рат, изолацију, избеглиштво, сиромаштво, насиље и беспомоћност – присутно је и једно зло које се не може објаснити. То је зло смутљивих људи који су пали с власти да би отровом из својих сећања, мемоара, разарали животе својих дојучерашњих сабораца и истомишљеника.

Сада та ништавила пишу, говоре, сећају се да се с онима који су остали на положајима у суштини и нису слагали! Па зашто су онда некада с њима радили? Не видим ниједан разлог осим голе и ружне жеље за влашћу! Ја се тога гнушам. Мене власт не интересује, ја сам то напросто превазишла – јер је имам колико хоћу. А оно што човек поседује, за тим више не жуди. Он тежи за нечим другим, узвишенијим. А то је љубав. И ја се борим за љубав, за ону праву љубав као у нашој причи с почетка. Да се сви међусобно волимо, да једнодушно дишемо, да сви будемо једно – *луџи*.

Тако је говорила Она. Сви су је слушали у гробној тишини, више није било звиждукала да ишта ремете.

3.

Пошто се провуче између лимузина које су запоселе цео пракинг испред Дома културе, што је посведочило да су у сали све сами добростојећи људи, избачени жгољаво неприметно прође и поред *марице,* у којој су нешто ћаскала двојица у маскирној униформи, да би се убрзо нашао у полуосветљеном градском парку. Тамо, на клупи и око ње, били су сви они који су пре њега били одстрањени са књижевне вечери. Човечуљак и њих изненади јер им се пришуња.

– Ко је најдуже звиждао Гогољевки, а? – зачикавао је своје друштво. – Кажем вам, ја ћу се увучем и у Њену партију а да ништо неће посумњају.

– Е, брале, ту немаш шансе – успротивише му се – јер се у Њену партију примају само буџовани, директори, газде и слични дрматори, док ситна боранија, као што си ти, не долази у обзир. Ако мислиш тамо, прво мора да се обогатиш, или барем догураш до директора градског нужника.

Да би били конкретнији, показаше му јавни клозет усред парка.

4.

У сали за банкете Планинарског дома била је припремљена вечера за одабране учеснике књижевне вечери. Друштво је стигло негде после десет часова увече и одмах поседало за трпезу. Десно од Ње, коју су посадили у чело стола, села је Звездана, па Златан и Лиза, а лево Американци Џон Мекдоналд, Слађана и Саша. Иза њих, на једној или другој страни, поређали су се Жаре Кривић, Дуле Брзић, Бобан Зеленовић, Б. Ш. Радичевић, Твртко Сератлић. Осим песника Радичевића, који је био соло, боемски, сви остали су повели супруге. Недостајао је само један од промотера, Слободан Увлакић, који се право из Дома културе одвезао у Београд, будући да сутра има седницу на Универзитету. И Она је планирала повратак исте вечери, али ју је Звездана убедила да остане и сретне се с америчким бизнисменом Мекдоналдом. Истовремено наваљивали су и Њени месни *лујци* да их удостоји својим присуством на састанку Општинског одбора ЛУЈ-а, који ће одржати сутрадан, па је тако одлучила да проведе једну ноћ у провинцији.

Кад су се заложили, Звездана наведе разговор на *Алем*, истичући притом посебно иницијативу „наших Американаца" у његовој обнови. Слађана преведе Џону, па он узврати да је веома почаствован што је у друштву високе даме, супруге Вође, те да стога верује како ће договор који ће постићи у Домановићграду имати поуздану гаранцију, упркос ратном окружењу и неизвесности улагања капитала у земљи која се налази у транзицији. То је био за Њу прави изазов, да неверном Томи из света капитала објасни како је левица коју она заступа једна модерна партија која тежи спајању позитивних искустава капиталистичког и социјалистичког друштва.

– Због тога се, господине Мекдоналд, ми залажемо за све облике друштвене својине – настави Она да елаборира своју тезу. – Наш циљ је праведно, али богато друштво. Ви, као човек Запада, свакако верујете у предност приватног капитала. Али то је за нас колико економско, у већој мери политичко питање. Одлуку о томе може донети само народ на референдуму.

Џон тихо упита Слађану кад ће то бити, она слеже раменима, а Саши се оте „кад на врби роди грожђе", али ово његов зет није разумео.

Она је, међутим, наставила да објашњава како је море многа крупна друштвена питања, сва садашњост и будућност њеног народа, али и човечанства уопште. Па се, тако, често пробуди ноћу и дуго, дуго размишља: мора да постоји неко једноставно решење, очекујући да јој сине као Архимеду кад је оно, док се купао, открио да тело потопљено у воду губи од своје тежине... Решење је ту, надохват руке, једнога дана само ће изронити из воде.

Слађана не успева да похвата Њене мисли, па мужу на уво преводи на прескок: леди прича како не спава добро... леди открива Архимеда и његов изум с водом... леди опет не спава, седи у кревету и размишља... леди тражи велико, спасоносно решење за целокупно човечанство...

Види Звездана да ће Њена размишљања отерати америчку муштерију, па одлучи да се умеша и приземљи разговор.

– Господине Мекдоналд, чули сте научна размишљања о стратегији нашег даљег друштвеног развоја. Вас, верујемо, интересује сигурност уложеног капитала. Као што сте чули, наш закон допушта паралелно постојање друштвене, државне и приватне имовине, а имамо и закон о страним улагањима, па немате шта да бринете.

У настојању да америчког бизнисмена увери да нема никаквог ризика, Звездана му објасни да, истина, наш закон допушта страно власништво највише до 49 одсто, али ту су његова жена и шурак, који су још југословенски држављани, па са још неколико њихових процената, породице Мекдоналд – Спасић стећи ће солидну контролу над *Алемом*. Поврх тога, његов таст Новица Спасић поново ће бити генерални директор *Алема*, па Џон Мекдоналд може да накриви капу.

– Ја не носим капу – извини се Џон, што изазва смех. До забуне је дошло због Слађаниног буквалног превода, али кад му разјаснише народну пословицу о накривљеној капи, и он се од срца насмеја, показавши да се и Шкоти, попут Енглеза, радо шале на свој рачун.

Једино се Она није смејала. Била је и даље у својим дубоким мислима.

Градоначелник Златко се смејао, али кисело. Он шапатом упита Звездану: а шта с оних 51 одсто већинског домаћег капитала који ваља уложити у обнављање *Алема*? Ваљда се не мисли да може да их издвоји један неразвијени Домановићград?

– Ћути – процеди Звездана, па настави да шири осмех да не би изазвала сумњу околине. Потом му шапну: – Не истрчавај пред руду као ждребе. Ако неко треба да се испрси, ту је држава. Кад Она ово пренесе Њему и Он се сложи, шта нас брига за инвестиције. Ја и ти само треба да порадимо да овде дође и страни и домаћи капитал.

– Добро, ако је тако – смири се Златан.

Звездана се насмеја, па се и Златан исцери, да покажу како је то био њихов духовити разговорчић, ништа важно.

5.

Онда Она одлучи да се повуче у апартман Планинарског дома, који су јој наменили. Звездана јој понуди гостопримство у својој вили, биће јој пријатније, али Она учтиво одби. Жели да буде сама, посебно ноћас, јер би хтела о нечему важном да размишља. Ко зна, можда ће баш из ове планинске тишине ноћас изронити разрешење кључних проблема који је опседају. Била је тако искрена и убедљива, да се Звездана није усудила да наваљује са својим гостопримством. Сви јој пожелеше лаку ноћ, а Златан не истрпи да не помене како је уверен да је Она задовољна промоцијом. После се ујео за језик.

— Да – погледа га Она хладно. — Нарочито оним звиждуцима.

— То они из опозиције, али више неће им дозволимо... — спетља се градоначелник.

— Ће се обрачунамо с њима — зачу се категорички глас Бобана Зеленовића-Шерифа.

— После боја, копље у трње — проврска Она безизразно и упути се према свом апартману.

Кад се изгубила на степеништу пењући се на спрат, Звездана хладно прозбори:

— Е па, упозорила сам вас на време. За вас су то ситнице, али за Њу нису. Она је навикла само на беспрекорна уважавања.

Потиштен, Златан пронађе излаз у акцији: за сутра пре подне заказа састанак свих организатора књижевне вечери. Потом започе разлаз. Спасић–Мекдоналде и Пришевиће Звездана позва у госте.

6.

На паркингу пред вилом Зеленовића у насељу Боровњак, Џон изрази жељу да се повуче, превише је уморан за седељку.

— Он ти је као кокошка — насмеја се Слађана. — Рано леже, рано устаје. Идем да га сместим, па ме ето код вас.

Слађана поведе мужа у вилу Спасића, а Звездана Сашу, Златана и Лизу у своју кућу. Но, већ пред вратима Златан саопшти да је паметније да се ни он не задржава јер ујутру, као што су чули, има важан састанак. Лиза, наравно, може да остане. Лиза слеже раменима, али је Звездана охрабри:

— Лиза ће спавати код мене.

Оставши сам, Златан се склони у сенку повећег бора, одакле је мотрио на вилу Спасића, која је била у близини. Оно с јутарњим састанком само је надувао како би се нашао насамо са Слађом. Оно како су се жарила њена окца према њему током вечери у Планинарском дому, могло је само да значи, закључио је без поговора, да је и она спремна, искрсне ли прилика, да му се баци у загрљај. А ту прилику ваља припремити.

Слађана је заиста брзо изашла из виле, па Златан искочи пред њу из свог скровишта попут вука.

– Уплаши ме! – ухвати се Слађа за срце, положивши руку на набреклу леву страну груди, а Златан сместа пожеле да је на том месту његова рука.

– Успава ли дете? – покуша да се нашали, мада је дрхтуљио поред заносне „Американке".

– Џон и јесте велико дете – насмеја се и Слађа. – Њега само интересује рад и сан.

– А *друго* ништа? – Златан поче да наводи воду на свој млин. Слађана се опет насмеја, она не бежи од мушко-женске игре. Ово охрабри њеног ноћашњег каваљера да открије карте: ето, пошао је у град, али се задржао да би се састали. Не зна како да протумачи њене погледе за вечером.

Уместо одговора, Слађана се опет насмеја. Да је хтела, могла је да му каже како је те вечери он био изабрани предмет њене заводничке игре. Одабрала га је напросто зато што је седео преко пута ње, на згодном месту за још једно испробавање њених чари. Потврда томе беше и Златанова немушта заседа.

Златан је, ипак, био збуњен. Мислио је да су му довољне три општинске шваљерке, које су му, будући недостојне његове Лизе, омогућавале да успостави својеврсну равнотежу са својом лепом женом, а ево сада опседа га примамљива „Американка", која је у свему равна Лизи. Био је утолико пометен што није знао како да се понаша према Слађани: да ли као према богињи попут Лизе, или само као према још једном еротском изазову. Дилему је морао брзо да разреши и Златан одлучи да више никада ниједну жену не сматра богињом, јер је то погубно. Како би своју одлуку и конкретизовао,

Златан ухвати Слађану за обнажену мишицу руке и поче да је вуче себи.

– Еј, то боли – упозори Слађана насртљивог каваљера уз осмех. – Да не журиш превише? Ту сам ја још, нећу побећи.

Златан се постиде и ослободи њену мишицу. Слађа му се загонетно насмеши и оде.

7.

Спуштајући се ка граду, Златан је све више уверавао себе да му се Слађа обећала. И док је планирао како би и где могли да се нађу насамо, пред очи му изронише ликови Лизе и Саше. Ето, док се он заноси „Американком", препустио је сам своју Лизу „Американцу". И да неће, Лиза ће сад доћи у искушење...

На једној кривини умало да слети у провалију. Да се није испречио један жбун на ивици бездана и задржао ауто, већ сутрадан би Радио Домановићград објавио како је у саобраћајној несрећи погинуо председник Златан Пришевић. На ту помисао, заборави на страх да је за длаку избегао смрт. Радије прихвати претпоставку да је већ мртав јер је почело да га копка шта би се писало и говорило о њему. Био би ред, као што се практикује кад умре неки руководилац, да се и о њему говори све најлепше, да се величају његови успеси, да је ненадокнадив губитак. Такав би био ред, али као да му је нешто предсказивало да се у његовом случају тај ред баш и неће поштовати. Као прво, може да се прочује да је возио пијан, па тако погинуо. Председник, па пијан, у Русији некако иде, али овде никако. Као друго, колико до јуче био је комуниста и у неку руку пролетер, а данас је приватни поседник, бизнисмен. Није мали број оних који му завиде, па ће искористити прилику (док је био жив и на власти, нису смели ни да зуцну!) да га оцрне. Као треће, ни сама *структура* неће се претргнути да га заштити од клеветања јер се забрљало око промоције Њене књиге, а Она, како стално упозорава Звездана, никоме не прашта. Као четврто, Лизи и Саши ће његов нестанак добро доћи да се најзад споје. Кад ју је оно Саша напустио, била је тек обична секретарица, а сада, уз њега, постала је градоначелница. Остаће јој и прилично богатство, па ће се „Американац", који сада на све гледа капиталистичким очима, полакомити и одмах јој понудити брак. Она ће, наравно, пристати, одувек је једино њега волела, док јој је он, Златан, био тек утешна награда и успутна станица, где се такорећи само преседа.

Сад тек увиђа колико је срећан што је остао жив. Па кад још и успе да покрене лимузину, његовој радости не би краја. Док је њему глава на рамену, нико неће моћи да га попишава. Ујутру ће он очитати лекцију свима због пропуста на књижевној вечери, показаће им зубе. Искалиће бес на другима. Ето шта значи кад имаш власт, кад си моћан!

Суочен не толико са смрћу колико с опасношћу да ће му измаћи фотеља, Златан донесе још једну, судбоносну одлуку: учланиће се у ЛУЈ. Јер му је изненада синуло да је Њено незадовољство организацијом промоције у суштини само врх леденог брега укупног незадовољства Домановићградом, где његов први човек није у Њеној партији. Нису без разлога виђенији општински председници и директори највећих предузећа већ прешли из ССС-а у ЛУЈ. Најзад, то ти је једно исто, ССС и ЛУЈ су као Он и Она, њихови предводници, с тим што ЛУЈ чини елита. Е па, и он је елита.

8.

У вили се, пак, забава одвијала на свој начин. Саша је био у центру пажње. Све три даме, свака из свог угла, пратиле су његово понашање. Њему и јесте и није било лако. Зна да га све три, две љубавнице и сестра, воле, а жене су суревњиве, па између њих мора да иде као по жици. Посебно између Звездане и Лизе, али мора да води рачуна и о Слађи. Ево, нашао се први пут пред млађом сестром у улози љубавника и ваљало би је одиграти на достојном нивоу. А то није било баш једноставно. Лиза се држала доста хладно, заподевала је све неке женске разговоре као да њега ту нема. Звездана је, опет, изигравала домаћицу која стално нешто мора да приноси и нутка.

Искусном Звезданином оку није промакло да Лиза глуми, доста невешто, равнодушност. Што је хладније њено понашање, утолико је очитије да је још дубоко повређена. Саша, дакле, закључила је, без већих напора опет може да је придобије. Ето изазова и за њу, Звездану, да се огледа с доста млађом и још веома атрактивном супарницом. Онда, пре двадесетак година, осећала се неприкосновеном, могла је Сашу да окреће око малог прста, за разлику од Лизе, која је била принуђена да пузи пред њим. Можда су нагомилане године сада њен хендикеп, али и с борама она је била спремна да се носи с млађом супарницом. Надокнадиће то својим љубавничким искуством и умећем. У сваком случају, неће се предати без борбе.

Слађана је повела разговор о америчкој жени. Како је опседнута својим изгледом, па претерује са џогингом и којекаквим вежбама, како је психички пренапрегнута, па ако је иоле боље стојећа, мора да има личног психоаналитичара. И она сама – ту се Слађа слатко насмеја – одлази психијатру. Али она одлази на сеансе не зато што су јој потребне, здрава је она геџованка, ништа јој не фали, него зато што јој се тип свиђа. И Џон има свог психоаналитичара, који је у ствари докторка. Тако ти је то у Америци. Лудо.

Јес, Америка је луда, прихвати Саша. Срео је он, тако, једну Италијанку, пореклом, мислио из „комшилука" је, слични смо, али и она се поамериканила, и ето промашаја. Народ не каже џабе: жени се из свог села да те бог види. Ту су се срели Лизине и Сашине очи: у њеним је био прекор, у његовим извињење. Па ипак, кад су Саша и Слађа полазили у своју вилу, па Саша очима позвао Лизу да их испрати, она је завртела главом. Звезданино лице је, пак, прекрио широк осмех.

9.

Радио Домановићград је читаву претходну недељу дана у свим информативним и културним емисијама најављивао промоцију књиге *Отворена писма,* да би сутрадан пошто се одржало књижевно вече у Дому културе, у више наврата емитовао снимак Ауторкиног излагања с незнатним скраћењима. А како је истог дана увече ишла недељна емисија *Путевима домовићградске културе,* ту је Њена реч на промоцији емитована у целости. Као уосталом и излагање Њених промотера.

Недељник *Домановићградске новости,* међутим, није био те среће. Овога пута чак се није појавио у суботу, на дан свог редовног излажења, већ тек сутрадан, и то поподне. До тог померања морало је доћи како би се убацио материјал с промоције и уопште Њене посете Домановићграду. Притом, прилоге који су се односили на Њен боравак, редакција је морала да припреми веома обазриво; сваки текст пажљиво је ишчитаван по неколико пута, да би тек након посебног одобрења старог новинарског вука, директора Твртка Сератлића, могао да иде у штампу.

Имајући у виду све околности, рекло би се да је Твртко Сератлић, руководилац оба градска медија, учинио најбоље што је могао. Међутим, он лично, и као директор и као *лујац,* био је на ивици очаја. Она ће отпутовати у суботу, можда око поднева, дакле пре него се емитује ударна емисија *Путевима домановићградске културе* и пре него се појави нови број *Новости.* Чему толико труда кад Она оно најважније неће ни чути, ни видети. А колико је само замишљао како га Она обасипа похвалама за успешну и исправну уређивачку политику. „Такав човек нам је потребан у Београду." Ех, какву би каријеру остварио...

Кад је већ почео да се мири са судбином, стигла је спасоносна идеја, у суботу изјутра, док је ишао у Редакцију. Путем је срео челника месног ЛУЈ-а Жарета Кривића. И он је био потиштен. Тог преподнева Она ће доћи на састанак Општинског одбора ЛУЈ-а, али Жаре не слути ништа добро. Они звиждуци синоћ на промоцији... Кад би се нешто смислило да се Она одобровољи... И тада се родила та идеја. Ко је био њен изумитељ, Твртко или Жаре, остаће тајна. Тек, на сваки сат у преподневним радио–вестима, на првом месту емитован је предлог грађана Домановићграда да се Ауторка надалеко чувене књиге *Отворена писма* кандидује за Нобелову награду. У компетентно сроченом предлогу, што је потврда да је његов аутор врсни зналац књижевне естетике, истицано је како је Она у много чему досегла једином југословенског нобеловца у области књижевности, Иву Андрића, да би га у својој социјалној и филозофској утемељености погледа на свет чак и превазишла.

На састанку Одбора ЛУЈ-а, накратко пре него ће Она отпутовати у Београд, Њени најоданији следбеници одмах су јој се похвалили својом идејом око Нобела. Осмехнула се, први пут откако се нашла у Домановићграду. Чула је то већ на радију, али нека се другови не заносе превише.

– Ниједан левичар писац није удостојен Нобеловом наградом уколико није постао дисидент – образложи Она своју скепсу. – Без лажне скромности, драго ми је што је једна таква идеја потекла управо из овог симпатичног места, које носи име нашег великог сатиричара Домановића. У време када је он живео и писао Србија је била једна велика Страдија, са слепим вођом. Доживели смо, ето, да и након сто година наша земља опет буде Страдија. Тако желе светски моћници. Они, међутим, не схватају да наш народ може да поднесе толика страдања колика они не могу ни да смисле. Али се зато неће одрећи свог Вође. А он није слеп па да му народ упадне у провалију, већ далековид и води – оне који издрже на Његовом путу – у светлу будућност.

Лица Њених слушалаца се озарише, показујући спремност да издрже на том путу.

10.

Адам Резић је сав побелео, године притисле, али га младалачка амбиција није напуштала. Кад се оно вратио у завичај из Париза (где га је слава сасвим мимоишла), преусмерио је и своју ликовну поетику. Нову промисао као да му је шапнуо сам Вишњи: Адаме, Адаме, мани се белосветских величина и држи се својих! Тако је почео да ствара Галерију домановићградских личности – покровитеља, задужбинара, ктитора. Прилике су му ишле наруку, јер није никада недостајало оних који су, чим би се устоличили, настојали да усреће народ.

Резићева Галерија заснована је на три стуба из славног домановићградског доба – стварања великог *Алема*: на Велимиру-Вељи Мајсторовићу, локалном првоборцу, првом послератном народном председнику, који ће догурати до Председништва ЦК СКЈ и титуле „Титовог саборца" – највећем домановићградском ктитору; затим на Јездимиру-Језди Зеленовићу, градоначелнику који је себе уградио у *Алем* и био његов покровитељ; те на изузетном маштару Новици Спасићу, проналазачу рудника драгог камена и оснивачу *Алема*, највеће домановићградске задужбине. Њихове глинене фигуре у природној величини и данас заузимају централно место у Галерији, а да је било мало више среће, сад би, већ бронзане, красиле градске тргове. Али Резић није губио наду: кад-тад, а неминовно кад та тројка напусти овај свет, покољења ће се сетити кога су имали и у знак захвалности подићи им споменике. Адамова дела спремно ће дочекати тај велики дан. Слом *Алема*, природно, погодио је и Адама, али као и многи његови суграђани, и он се потајно надао да ће чак и Муља потећи узводно а камоли да се *Алем* не обнови.

И Адам Резић збиља доживе да Муља потече узводно и да се покрене *Алем*. Поново је видео божји знак: после пролећне провале облака, најпре се Муља излила, а кад је почела да се повлачи, вода је из поплавина и вирова, како би се вратила у корито, потекла узводно! Отад не прође ни месец дана, а ево, враћа се и *Алем*.

У својој галерији, где су се у протеклих двадесетак година наређали сви домановићградски челници, Адам сада силно пожеле да види и Њу. Нашао је пута и начина да јој се приближи. Ево га у Белој палати, баш испред сале у којој је заседао Општински одбор ЛУЈ-а. Она најзад излази окружена локалним партијским руководиоцима. Адам јој одмах прилази. Али та његова смелост, боље рећи неопрезност, могла је скупо да га кошта. Њени чувари, затечени, реаговали су на једини могућ начин: за тили час бацили су га под ноге. Додуше, видели су они тог седог старчића, целог зараслог у косу и браду, малопре у ходнику, али му нису придали значај јер им је деловао као сен. Али кад је кренуо према Њој, одједном се у њиховим очима претворио у камуфлираног атентатора, и реаговали су по правилима свог заната.

Адама буквално спаси Жаре Кривић, који га препозна, будући да и његов кип, лик дугогодишњег руководиоца Металца, стоји у Галерији. Објасни момцима да је то познати домановићградски уметник, вајар Адам Резић. Они се згледаше, па га најзад пустише. И Она поврати боју. Адам дође до даха, прикупи снагу и, уз помоћ Жарета, придиже се. И тада јој се обрати сипљивим гласом с молбом да му позира у његовом атељеу, јер је, будући да подржава обнову *Алема*, сматра заслужном домановићградском покровитељком. Жаре Кривић му се придружи у молби: граду ће бити велика част да Њена фигура краси Домановићградску галерију, а једног дана и сам централни градски трг. Осећајући стално кривицу због пропуста на синоћној промоцији, а како би је одобровољио, он Резићеву приватну галерију намах претвори у градску. У Галерији се, терао је даље, налази и кип друга Веље... Али Њено лице остаде безизразно, ледено, помен имена дотичног друга нимало је није импресионирао. Касније ће Жаре сконтати зашто: кад је оно Вођа освајао власт, Веља Мајсторовић није га јавно подржао, или бар не спочетка. Сад је Веља пензионер, по страни, али се свака заслуга памти.

– Чините ми част, мајсторе Резићу – узврати Она – што ме сврставате у заслужне за овај симпатични град и ја бих се радо одазвала кад бих имала времена. Али већ сутра имам промоцију у Нушићграду, прекосутра... не знам већ где. Сви желе да ме виде и чују. А онда, предстоји ми и инострана турнеја, треба да се обратим академицима, мојим колегама, у Монголији и Тунгузији. Па још и ова наметнута предизборна активност. Свакодневно ничу нови одбори ЛУЈ-а, и сви траже да одем и да их подржим. А тако бих радо седела у вашем атељеу и размишљала, медитирала... Какве ми све идеје не би пале на памет у амбијенту глинених фигура!

Тужне Адамове очи показивале су да је разуме; чак је сажаљева што се толико троши.

– Дозволите ми онда да радим према Вашој фотографији.

– Дозвољавам. Ако немате моју слику...

– Немам, опростите ми – скрушено ће Адам.

Она отвори своју позамашну ташну, у којој је, поред женских стварчица, било и пуно папира, разног политичког материјала, промеша унутра и извади своју фотографију. Адам је узе из Њених руку као икону и загледа је. Безизразни лик на слици учини му се дубокомислећи. Косу јој је красио црвени каранфил.

– Немојте испустити цвет, молим вас, маестро! – упозори Она с највећом озбиљношћу.

– О, никако! – узвикну старчић. – Па Ви сте по томе и препознатљиви, таман посла.

Потом је Она отишла са својом свитом, док је Адам, ситним али брзим корачићима, отрчао у свој атеље да одмах прионе на посао.

11.

У животу је тако: што изгубиш на једној, задобијеш на другој страни. Ако Твртко Сератлић није могао да заблиста у пуном сјају пред Њом, Она му је за собом ипак оставила отворени пут. Који и какав, видећемо убрзо. Дотле, ваш приповедач има неодољиву потребу да посведочи како добро познаје новинарски хлеб „са седам кора". У том послу се само у једном дану могу збити такве промене које вас по сто пута бацају из усхићења у очајање, из очајања у усхићење. Па сад видите зашто ову професију бије глас да је кафанска. А где ће се ако не у чашици моћи да разблаже таква силна осећања?

Твртко је у понедељак око девет часова изашао из своје куће на два спрата, која се налази у најлепшем градском кварту, крај Муље. Пошто је за собом затворио бело офарбану капију, избио је на обалу реке. Имао је састанак Колегијума у десет, да анализирају нови број, али му се није журило тамо. Стога ни кола није потерао. Као да је предосећао да ће успут негде свратити. А кад је на киоску видео Њен маркантни лик, с каранфилом на темену, на насловној страни својих новина, депресија га је намах сломила, па је морао да приседне у кафаници *Обала,* тик уз реку Муљу, коју држи његов комшија Митке.

Кафеџија му се обрадова. Не само зато што му је Твртко најугледнија муштерија, него и зато што повремено ту, кад год нешто славе у Редакцији, доводи колеге и прави му пазар. Зато одмах поче да га нутка ићем и пићем. Твртко се мршти, та није му ни до чега. Као преко воље, најзад се одлучи за лозу. Митке зграби флашу и две чашице, па и сам седе за сто. Девојци за шанком нареди да нарецка нешто за мезе.

Чим осети ватрицу лозе у грлу, Твртко поче да се раскрављује. Из своје ташне извади најновији број *Домановићградских новости* и положи га на сто пред Миткета.

– Знаш ко је Она?

Питање је зазвучало вишесмислено, па Митке згрчи рамена.

– Реко би да знам, али не засигурно.

– Имао сам је у рукама, али ми измигољи! – нагну се Твртко према Миткету као да ће да му шапне. Није морао да шапуће јер у кафаници није било других гостију, али Твртко је хтео да својој изјави да̂ нарочит значај.

Митке се измаче и избечи.

– Зар је и Она радодајка?!

Сад и Твртко устукну и унезвери се. Погледа ка шанку да ли је девојка чула. Срећом, она је седела нагнуто и читала свој љубавни романчић.

– Бре, Митке, ти само на то мислиш! Друго ти ја говорим.

Да сачека до јуче да Јој уручим овај број *Новости,* да види колики смо Јој простор дали – Твртко брзо прелистава новине, показујући странице посвећене Њој – данас ја не бих седео у твојој *Обали,* него у *Шуматовцу* и пио виски са Хаџи Дрманом Кантићем!

– Кој ти је па тај?

– Како ко?! Директор, газда *Политике,* највеће новинске куће на Балкану. Оно што сам ја за Домановићград, то ти је он за Београд и целу Србију.

Само Она, Она и нико други могла је да ме намести уз њега.

Митке врти главом као забринуто, каква штета за његовог пријатеља Твртка, а у себи мисли: боље је тако јер би иначе изгубио најбољу муштерију.

– Па што не сачека?
– Што не сачека?! Има она своја посла, нисам јој ја најважнији. Понеки пут ствари се тако наместе да човек виси о концу: ако се прекине, готов је, ако издржи, живеће. Мени се прекиде, рачунај да сам мртав. Остајем ту где сам – провинцијско пискарало.

– Е па, претера га! – успротиви се Митке. – Ти си, бре, директор, дрматор. Кога ти оћеш да уздигнеш, твоје новине и радио поју му славопојке; ако пак некога оћеш да скинеш, а ти га оцрниш као ђавола и он је печен.

– Ти мислиш да *ја* ту одлучујем ко ће горе, а ко доле? – зашкиљи Твртко у свог необавештеног саговорника. – И над попом има поп. Други одлуче, а ја само...

У тај час у кафану упаде перспективно новинарско перо Милан Шећеровић, међу колегама прозван Миле Шећерко, и сав задихан обрати се Тврку:

– Директоре, једва вас нађох!
– Шта је, мали, без мене у Редакцији не можете ни да се попишате! – испрси се Тврко пред својим младим сарадником; више није био онај исти човек који се јадао над својом судбином. – Седи, што ће гуцнеш?

– Нема кад, зову вас хитно код председника Пришевића.

Новинарски бос, каквог га је видео његов кафеџија Митке, кад чу ко га тражи, намах скочи као опарен петао. Заборави и ташну, и новине, и истрча напоље. Пошто покупи његове ствари, Миле Шећерко појури за њим. Тврко је већ нестао иза угла. Шећерку се учини да се за њим диже прашина.

Ето зашто је новинарски век кратак, зашто мало-мало па неког стрефи инфаркт. Кад би неки доктор само бацио поглед на Твртка, одмах би закључио да је он типични инфаркташ: подбуо, проћелав, нервозних покрета, увек на штрек. Опрез је алфа и омега његовог посла, али је невоља у томе што, и поред тога, никад ниси начисто: и кад урадиш најбоље, може да испадне да си забрљао. Најчешће не због тога што си ти погрешио, него што се нешто изнад тебе променило, што сад политички курс није овакав, него онакав. А да би ти све још више искомпликовало живот, ти се курсеви мењају негде горе, па ти ни крив ни дужан можеш да настрадаш.

Твртко је знао да позив из општинског руководства може да значи само две ствари: или хоће да га похвале како је у овој изузетној ситуацији веома добро обавио задатак, или да га прописно изрибају због неког пропуста. Новинарско срце тешко савлађује и похвале и покуде. Покуде поготово.

12.

У председниковом кабинету Твртка дочекују Златан и Звездана – с осмехом. Одмах су га посадили за сто и председник му без питања сипа виски у чашу, али га приупита колико ће коцкица леда. Твртково расположење требало би, дакле, одмах да се одледи, али, ма колико се он смешкао, у грудима га је још стезао грч.

А Звездана и Златан, пошто су му похвалили нови број новина, прешли су на наредни задатак. Ако се колико до јуче жалио да су му гласила монотона и штура јер се ништа не догађа у Домановићграду, од сада ће имати толико новости да неће имати где да их смести ни на Радију ни у *Новостима*.

О задатку који га чека започе Златан, али убрзо штафету преузе Звездана. Већ неколико дана се то кува, рече му значајно Министарка, али тек сада може да се пише. Јутрос јој је јавио министар Језда Зеленовић из Београда, њен супруг, да је Вођа стао уз домановићградски пројекат. Срећа им се поново смеши. Што је некада било с *Алемом*, било је, грешке и пропусте ваља заборавити и окренути се будућности. Ако информативни медији баш и хоће да траже кривца за стари промашај, нека га пронађу у антисрпској хрватско–муслиманској завери. Онај Турчин био је експонент Загреба како би се зауставио развојни замах Србије. Неки наши руководиоци у то време нису схватили позадину ствари и олако су насели на лукаву замку. Сада се ситуација из корена променила: иза обнове стоје Американци, страни капитал. Према томе, никакав ризик. Са иностраним инвестицијама, које ће доћи у Домановићград, овај напаћени крај најзад ће доживети велики препород.

Из свега што је чуо, Твртко је схватио да је његова каријера судбински везана за *Алем*. Да се пре двадесетак година није појавио *Алем*, ко зна да ли би се његово име икад и игде прочуло. И данас, ако га ишта може одвести у престоницу, то ће опет бити *Алем*. У сећању му прелетеше старе слике и он на њима виде себе у напону: јури, сакупља информације, разговара с челницима, пише за *Новости*, говори на Радију – само о *Алему*. Он, провинцијски новинарчић, доживео је да га цитирају светске агенције! А онда је морао све то да попљује. И попљувао је, шта је могао. Нити је он измислио *Алем*, нити је он крив за његов неуспех. Невољно, али се присети и тог периода из своје каријере. Писао је готово из дана у дан да је *волунтаризам* (та реч је нагло избила у моду) коштао много Домановићград и целу Јужну Србију. Своје чланке и коментаре је најчешће завршавао наравоученијем да се и из промашаја може извући корист, да се на грешкама учи. Твртку се вратише у сећање још неколико речи које су тада преплавиле новине и реферате: нестручност, *дилетантизам, мегаломанија*...

Али, што је било, било је. Ако је такав став заузет *горе,* нема он шта ту да размишља. Сад Јово наново, окреће се други лист. Та̏ он је толико дуго у овој професији да је одавно научио да лако окрене нови лист кад то затреба.

13.

Одмах по уласку у своју канцеларију, Твртко је сазвао Колегијум, који су сачињавали његови помоћници за Радио и *Новости* и уредници (опет у пару, радијски и новински) за политику, привреду, културу и спорт. То руководеће тело сматрао је веома оперативним јер се брзо могло окупити и у ходу договарати о свакој промени политичког курса. Најновији задатак, саопшти директор, уједно и главни и одговорни уредник, биће обнова *Алема*. Најближи Твртко̂ви сарадници нису се превише изненадили, већ су били научили шта се иза брда ваља. Стога је изостала уобичајена дискусија. Руководилац им је образложио тему, поделио задатке и закључио састанак крилатицом: а сад, сви на извршење својих задатака.

Твртко је, захваљујући специфичном домановићградском информативном устројству, могао лагодно да руководи. То руковођење, наравно, није смишљено због њега, нити ради неког његовог претходника на том месту. Зачеци обједињавања градских гласила датирају још из година након Другог светског рата, кад су једно за другим покретани Радио Домановићград и *Домановићградске новости*. Пошто су оба гласила била у повоју, с оскудним кадровима, исти новинари су писали и за радио и за новине. На њиховом челу налазио се, према тадашњим обичајима, проверени партијски кадар, који готово и није излазио из Комитета. Тај модел двоструког руководиоца у једној личности поставио је Велимир-Веља Мајсторовић, први послератни председник Народног одбора. Увидевши његове предности, аутоматски су га прихватили и сви његови наследници. Формула, пак, врло проста: ако на челу оба медија имаш једног човека, довољно је само њему преносити партијске инструкције и једино од њега тражити да полаже рачуне о њиховом извршењу.

Последњих година, истина, покушавано је да се медији раздвоје, али безуспешно. Промену је тражила опозиција, видевши у вишегласју веће могућности за пласман и својих идеја и програма. Али Златан Пришевић, нови домановићградски челник, није имао разлога да мења стару и проверену праксу. Опозицији је узвратио: покрећите сами своја гласила, широко вам поље. Опозициони лидери сели су за сто да се договоре о оснивању свог радија и свог листа, али су се разишли без обављеног посла. Онда су се убрзо један за другим појављивала њихова страначка гласила, да би се још брже гасила. Једноставно, без дотације нису могли да издрже. Тражили су да и њихова гласила буду изједначена у финансирању са Радиом и *Новостима*, али им је Пришевић одговорио да се општинским буџетом могу помагати само нестраначка гласила.

Ово је разбеснело опозиционе лидере: каква црна нестраначка, Радио и *Новости* су чисти билтени двеју партија – ССС-а и ЛУЈ-а. Међутим, да су то ипак самостална и слободна гласила, потврдили су приликом гласања одборници из редова ССС-а, који иначе чине већину Општинске скупштине.

Радио је пак био боље среће: у Домановићграду се оглашавају и две приватне радио-станице. На њиховим програмима доминира новокомпонована музика, поздрави и жеље слушалаца. Како би могли да добијају огласе од друштвених и државних фирми, којима руководе *есесесовци* и *лујци*, манули су се политике.

Елем, Твртко Сератлић нашао се опет у свом елементу. У данима који су следили, његов радио и његове новине били су испуњени двема атрактивним темама – *Алемом* и Американцима. Нормално, одвајало се доста простора и за градске челнике, у првом реду за Златана Пришевића. Гостује и министарка Звездана Зеленовић, која је представљена као један од пионира *Алема*. Наравно, није заборављен и некадашњи покретач домановићградског прогреса и залета, Новица Спасић. Човек преко кога је пала подебела наслага прашине, опет је, умивен и изгланцан, враћен и у новине и на радио.

14.

У тежњи да наша хроника буде што веродостојнија, заснована на документима, ваш приповедач боравио је више пута у Домановићграду да би у Народној библиотеци *Радоје Домановић* прелиставао старе бројеве *Домановићградских новости*. Често се истраживачи жале на оскудицу материјала, а ево, ми смо се нашли усред обиља записа. У десетак броја *Новости*, у следу, највише простора посвећено је управо ономе што нас занима – обнови *Алема* и његовим обновитељима. Да је јефтинији папир, прештампали бисмо све на шта смо наишли, јер се ради о самим новинарским бисерима и неизбрисивим сведочанствима о једном времену. Овако, у оскудици, принуђени смо да пренесемо, и то не увек у целости, само речи најзначајнијих актера домановићградске обнове.

Кренимо од интервјуа градоначелника Златана Пришевића, објављеног под насловом ОБНОВА *АЛЕМА* – ПИТАЊЕ ДАНА. Разговор је класичан: питање – одговор. Аутор: Твртко Сератлић. Будући оптерећен руковођењем у оба медија, он се ретко појављивао са својим прилозима, тачније коментарима, али је у овој прилици свакако закључио да је неопходно да активира своје перо и да̂ лични допринос обнови.

– *Господине председниче, сазнајемо да има реалних изгледа да се Алем, тај својевремено дома-*

новиђградски привредни гигант и развојни мотор, сада поново ревитализује. Колико је у овоме истина?

– То је врло близу истине. Наиме, стекли су се реални услови да се Алем обнови. Од Алема се никад није ни одустајало, само се чекао повољан тренутак за његову ревитализацију. Он је доведен у незавидну ситуацију погрешним, исхитреним потезима на самом старту, али је остао наш једини и непревазиђени потенцијал, наша шанса и улазница у 21. век. Та погрешна одлука, одустајање од Алема, скупо нас је коштала, зауставила наш развој и уназадила нас читаве две деценије, колико је Алем конзервиран, ако не и читав век. Али, наш народ каже: никад није касно. И за ових неколико преосталих година до истека 20. века, мудрим одлукама ми можемо да надокнадимо пропуштено и спремни дочекамо трећи миленијум.

– *Одлука о затварању Алема својевремено је била донета наводно због неадекватног квалитета драгог камена са Белих стена?*

– Да, што је такође исхитрен потез. Није се довољно слушала реч науке, која је рекла своје – да је наш белостенски драги камен итекако квалитетан. Због неверних Тома, ми ћемо поново позвати наше најзначајније институте да нам ту анализу потврде. Уосталом, одлука о обнављању Алема неће се донети овде, у Домановићграду, већ у Београду, на највишем нивоу. У којој мери је Алем решење за наше новонастале проблеме, за превазилажење неоправданих и ничим изазваних међународних санкција, одлучиће наше руководство, у чију смо се мудрост не једном уверили.

– *Да Алем није промашена већ перспективна инвестиција, потврђује и присуство бизнисмена из Америке, који су, колико нам је познато, спремни да уложе позамашна девизна средства баш у овај пројекат.*

– Један бизнисмен са Запада, један капиталиста сигурно се не би упуштао у нешто сумњиво, не би улагао доларе, ако није уверен да ће му се они оплодити. Позната је логика капитала, којој се и ми овде, пошто смо се такође определили за тржишну привреду, све више приклањамо. Дакле, присуство Американаца у нашој средини само поткрепљује наше уверење да смо на правом путу кад приступамо обнови *Алема*.

– Претпостављамо да је пословна тајна о којој суми страног капитала је реч. Ипак, остаје једно отворено питање: САД су предводиле увођење санкција и њиховим бизнисменима је забрањено инвестирање у Југославији. Како ће се превазићи овај проблем?

– Нажалост, тако је, иако су САД биле наш традиционални пријатељ. Али, наш гост из Америке је, срећом, и наш зет – јер је реч о човеку ожењеном нашом угледном земљакињом, да и то откријемо вашим читаоцима – тако да неће доћи до кршења ембарга. Будући да наш Вођа води активну мирољубиву политику, очекујемо, поред тога, да се санкције скину чак врло брзо, па ће онда, уверени смо, нагрнути страни капитал у нашу земљу, богату ресурсима и стручним кадровима. Наш гост је само прва ласта – да најави боља и срећнија времена, али и да благовремено овде заузме добре позиције. Ко пре девојци, њему девојка – каже наш народ.

Из подужег интервјуа градоначелника Пришевића, ето, издвојили смо само овај део. Нажалост, још подоста паметних питања и мудрих одговора из овог разговора остаће под прашином домановићградске библиотеке.

15.

Златана Пришевића сликали су специјално за ову прилику и он је – или уморан од народних послова и брига, или фоторепортер напросто није био при инспирацији – испао неугледнији и старији (ваљда због ћелавости) него што је изгледао у природи. Министарка Звездана није дозволила да упадне у сличну грешку: донела је у редакцију своју слику начињену у студију, ретуширану и углancану, и то из поодавних година, тако да је личила на праву глумицу.

У уводу интервјуа под насловом с *АЛЕМОМ У 21. ВЕК*, Звездана Зеленовић је представљена као један од оснивача и руководилаца *Алема*, посебно задужена за организацију производње и пласмана накита. Твртко Сератлић записује: „Она се с носталгијом сећа тих лепих дана."

— Ми смо тада самопрегорно, не штедећи ни време ни труд, својски радили да од *Алема* створимо светску фирму. Ја сам лично обишла најпознатије светске центре у којима се креира накит, доносила отуд узорке и омогућавала нашим дизајнерима, који су били релативно млади, али талентовани и ентузијасти, да створе изванредну колекцију. Наше узорке су затим најлепше манекенке из Београда презентовале чак у Паризу, граду светлости, како би свет видео богатство и сјај белостенског драгог камена. Не штедећи ни себе, ја сам и сама носила наш накит и тако представљала путујућу манекенку. Ништа ми није било тешко за *Алем*.

— *Будућности се смешила, цео свет је био уздрман открићем домановићградског блага, почели су да нас пореде с Јоханесбургом..*

— Без лажне скромности, том и таквом имиџу највише сам ја допринела. Уосталом, наш подухват је отпочео као грандиозан: поред рудника и фабрике накита, развили смо и инфраструктуру — аеродром, путну мрежу, Белу палату — и данас понос Домановићграда. Наравно, у томе нас је помагала шира заједница. Свој немерљив допринос дали су и другови Веља Мајсторовић, првоборац нашег краја и Титов саборац, и Језда Зеленовић, тада градоначелник Домановићграда, а сада министар у Београду. Свакако ту је и идејни творац читавог пројекта Новица Спасић, чију улогу нико не сме заобићи. Па његов син Александар Спасић. И многи, многи други велики ентузијасти који нису штедели себе.

— *Алем је, међутим, стао на самом старту. Као један од учесника у том пројекту, како сте доживели тај преокрет? Како је до тога уопште дошло?*

— Тешко ми је и данас, после двадесетак година, да о томе говорим. Ми смо имали научну анализу о оправданости експлоатације нашег драгог камена, коју је урадио угледни институт из Београда; ми смо обрадили светско тржиште и практично осигурали пласман наших производа, посебно у Истамбулу, вековној престоници алема и злата... Нажалост, испало је да нам је баш један Турчин запржио чорбу! Није било мало што смо петсто година робовали под Османлијама, него је сада требало да нам се поново испрече Турци и онемогуће нас за наредних петсто година. Али, време је показало да је Турчин у целој ствари представљао само обичан шраф, јер се завера показала као далеко шира и перфиднија. У позадини свега стајала је муслиманско–хрватска спрега са циљем заустављања привредног развоја Србије. Још шире гледано, била је то међународна завера против нас Срба, реваншизам поражених снага у оба светска рата. Сви су се они уплашили да Србија толико не ојача и почне економски, па и политички, да угрожава САД, Немачку и друге актуелне светске силе. Стога, онај несрећни Турчин био је само пиончић у њиховим рукама, али, нажалост, показало се да је и он био у стању да заустави наш замах.

— *Срби су се, надајмо се, научили памети и више неће олако наседати међународним заверама. Доказ томе је и наша садашња принципијелна, али непопустљива политика према међународној заједници. Она нас је коштала санкција, али нема те цене коју не бисмо платили да бисмо остали своји.*

— Да, српски народ, као небески, најјачи је кад је сам. Ми ћемо у томе истрајати. Наш Вођа је не једном рекао да се никоме неће сагињати. Пред таквим вођом народ, из дубоке захвалности, треба да клекне на колена. Велика већина то дубоко схвата, и клечи. Колико је Он био у праву, доказ је и долазак људи из Америке, америчких бизнисмена, који нам нуде руку сарадње. Дочекали смо и тај дан, а дочекаћемо да нам се извињава и Америка, и Немачка, и Француска, и цео свет.

– *Хоћете ли Ви опет стати на руководеће место у новом, обновљеном* Алему?

– Свим срцем и душом остала сам уз *Алем*, па га нећу ни сада изневерити. То је и моја морална обавеза, али и љубав.

Твртко Сератлић је посумњао да је одговоре срочила сама Звездана, јер су му зазвучали високополитички, какве би и сам једва написао, а у својој подужој каријери написао је сијасет бомбастих текстова. Имао је за то и непосредан доказ: и његова питања претрпела су не малу корекцију. Чепркао је мало, али опрезно, и ишчепркао: интервју је састављен у кабинету министра Зеленовића, потом послат и у кабинет Вође на одобрење. Тим сазнањем Сератлић је више него задовољан: ето, поново почињу да се уважавају његова провинцијска гласила! Поново је везан за *Алемову* судбину и, ако га она не одведе у престоницу и не устоличи уз великог Хаџи Дрмана Кантића, ништа друго и никада неће моћи.

Откако је недавно на телевизији *Политика* видео директора Кантића, његов лик стално му лебди пред очима. Широко меснато лице деловало му је светачки, па је закључио да се с правом прозвало хаџијом. Уосталом, то лепо затупасто лице привукло је и Њихову Принцезу, а да се и не помиње његова интелигенција, која плени чим нешто зуцне.

Београдски новинарски бос опседао је Твртка и због тога што су физички личили. У последње време чак је себи утувио у главу као да су пљунута браћа близанци. Па ако такав лик може да загреје једну Принцезу, онда се и он, Твртко, може сматрати лепотаном. Све до појаве Хаџи Кантића, Твртко је себе сматрао чак ружним и непривлачним мушкарцем, али успеси које је велики београдски колега постигао код дама не само да су му вратили самопоуздање, него су га све више уверавали да су управо таква затупаста лица данас у тренду.

Посебно се Твртко дивио његовој богомданој каријери. У Хаџи Кантићевој биографији – Твртко се не сећа да ли ју је негде прочитао или је усменим путем стигла до његових ушију – стоји да је за његов муњевит успех од пресудног значаја био електричарски занат. Од тога се после исплела права легенда. Елем, извесном *Политикином* посленику Вибу покварила се пегла и он, у потрази за електричаром, на огласној страни својих новина набоде прстом баш Дрмана Кантића (тада још није био Хаџи). Био је то прст судбине. Поправљајући пеглу, млађани електричар пред Вибом изрази жељу да се и сам бави новинарством. Широкогруди Виб га позва да сврати у *Политикину* кућу... Будући Вибов пулен, Дрман је добио нешто да пискара. Нико не памти шта је он баш радио и објављивао, али је зато испољио невиђени таленат за пењање по кадровској лествици. Прескочио и Виба, и многе друге величине. Чак се и сам покровитељ Виб после хвалио како је његов некадашњи штићеник далеко догурао, да и он сад мора да моли Кантићеву секретарицу да га њен шеф прими, а да се дешавало да и није бивао примљен јер је Кантић имао много важнија посла од траћења времена с Вибом.

Дивећи се тој биографији, Твртко је готово патио што је несвршени студент права, а не електричар. Иако свестан великог хендикепа, гајио је наду да то неће пресудно утицати на његов пут до престонице. Штавише, Твртко је однекуд исчепркао да је и неки његов деда по мајци ишао на хаџилук у Јерусалим, па се заносио мишљу да и он уз своје име дода хаџијску титулу. Хаџи Твртко Сератлић! Дивно би звучало, нема шта.

16.

У комплету старих *Домановићградских новости* налази се и интервју са Џоном Мекдоналдом – МЕКДОНАЛД ИНВЕСТИРА У ДОМАНОВИЋ-ГРАДУ. Његов аутор Твртко Сератлић није могао да одоли изазову а да у поднаслову не истакне: АМЕРИКАНАЦ КОЈИ ВОЛИ СРБЕ. Због прљавог рата у Босни, у то време Срби су пали на веома ниске гране у читавом свету, и сад ево неког ко може чак и да воли Србе!

Пажљивији читалац запазиће да је гост из Америке, иако његов интервју захвата читаву страну листа, дао доста штуре одговоре о свом инвестирању у обнову *Алема*. Тако, на пример, на питање зашто је заинтересован да улаже баш у Домановићграду, Мекдоналд је одговорио: „Ја воли моја зена Слаца, ја воли Црбе и Домановицгрејд и ја оце помозе колко мозе." Твртко инсистира: а колико то може ако се има у виду да је веома богат? „О, ноу, ја богат, али но вери. Ја види колко мозе, зато досо у Домановицгрејд. Ја и Слаца се договори. И Саса, јес." Нестрпљив, Твртко инсистира: колико долара? „Не зна, консултира Саса и Слаца." Твртко онда нагађа: можда милион долара? „Јос ноу конкретно."

Није тек бадава Твртко прво перо Домановићграда: ако немаш конкретан податак, пустиш мало машти на вољу, претпоставку пласираш као готову истину. Стога је и читалац овог интервјуа могао мирне душе да закључи како је Американац спреман да уложи у Домановићграду најмање милион долара. Исти читалац потом пушта своју машту да се размахне: ако Домановићград има око 10.000 становника, значи да на сваком од њих долази по 100 долара. Ако је просечна месечна плата у Домановићграду седам-осам долара, тих сто долара биће још по једна плата за целу годину. Изузму ли се деца, која нису ни на каквом платном списку, све се удвостручује, па уместо једне, читаве две године плате без рада. Ау, узбуђује се читалац, много бре, бате! И како да одмах не заволи тог Мекдоналда, ко још да каже да зет није род? У Домановићграду је позната стара изрека: Магаре ли је стока, зет ли је род. Али овај зетко потире ту изреку. Усто, у Твртковом интервјуу Мекдоналд поприлично говори српски (у стварности, он је говорио енглески, а преводила је Слађана), па још и онако симпатично врскаво, што га је Домановићграђанима учинило још ближим и дражим. И они свог богатог зета из Америке почеше чак и да опонашају. Колико преко ноћи, цели град је врскао и бенавио се као мало дете. Жена као пита свог човека: „Зивко, дусо, имас долари?" „Зивана, дарлинг, има долари!" „Зивко, дарлинг, ајлавју!" „Зивана, дусо, и ја ајлавју!"

17.

И три члана угледне породице Спасић – Новица, Александар и Слађана – добили су достојан простор у *Домановићградским новостима,* с тим што аутор ових интервјуа није Твртко Сератлић, већ младо и полетно перо Милан Шећеровић, илити Миле Шећерко. После три интервјуа (с политичком тежином, како је закључио), руководилац информативног гласила је одлучио да разговоре мањег политичког значаја обави неко други. Из опреза да и интервјуи с члановима породице Спасић не попримe већи друштвени значај, за сваки случај није их препустио уредницима и старијим новинарима, јер би они могли да му конкуришу. Ривалство никако није подносио. Чим би неко покушао да својим акцијама и прилозима стиче углед, Твртко би га одмах по прстима. Зна он из личног искуства како се руше шефови и осваја власт. Његов претходник, директор Слободан Певчић, није био довољно опрезан, па је управо њему, Твртку Сератлићу, дозволио да се размахне и, колико у јавности, још више у општинским структурама, задобије глас „прво перо Домановићграда". И кад је пре десетак година Певчић начинио неку грешку, нешто доста ситно да се и не сећа шта је то било, у Комитету су закључили: време му је да се повуче, утолико пре што је стасао неко ко ће га заменити – новинарски ас Твртко Сератилић! Певчић је после словио пет-шест година као некакав саветник директора (Твртко, иако учтив према њему, никакве савете није тражио), да би га на том положају затекла и пензија.

Избор је, тако, пао на аутсајдера Милана Шећеровића. Као представник нове школе водитељства (добрано је имитирао колеге из београдских студија), Шећерко је стекао солидну репутацију са својим спонтаним контакт-емисијама на радију, посебно код млађих слушалаца.Ређе се појављивао у *Новостима*, да би му се и ту прилози одликовали приметном лежерношћу. Млад и наочит, послу је прилазио не превише озбиљно, једнако као и женама, другој својој преокупацији, код којих је баш због тога бележио запажене успехе. И саговорници у професији најчешће су му биле припаднице лепшег пола.

Ништа необично, стога, што је први разговор, пошто је добио задатак, уприличио са Слађаном Мекдоналд, рођеном Спасић. Разговор је очито вођен на радију, као једно лежерно ћаскање, да би се у *Новостима* појавио тек један његов део.

– *Реците ми, госпођо Мекдоналд, или по нашки Слађо, како сте успели свог Џона, свог бизнисмена, да довучете у овај, ајде да кажемо засад још забити крај?*

– (Смеје се). Није ми било превише тешко. Кад овај *забити крај* рађа овако...

– *Овако лепе жене, реците слободно. Да, излишно питање, могли сте да га поднете и на Хималаје, а не на Беле стене. Јесте ли богати?*

– Па, јесмо (смеје се).

– *Шта мислите, Слађо, јесте ли успели да остварите свој амерички сан?*

— Јесам (опет се смеје).
— *Драго ми је, радујем се, наравно, због вас, наше горе лист. И сад сте одлучили да од тог сна мало пренесете и у наш Домановићград? Је ли ваша идеја да инвестирате у Алем?*
— Да, и мог брата Саше.
— *Верујете ли у Алем? Хоћете ли овога пута успети?*
— Што да не (смеје се). Ми смо Спасићи такви: кад у нешто верујемо, онда верујемо. Мој отац Новица, знате... он је својевремено све и покренуо јер је дубоко веровао. Мој брат и ја смо ту маштовитост наследили од њега.
— *Наравно, ивер не пада далеко од кладе. Доћи ће, надам се, господин Саша и господин Новица овде, па ћу и њих питати... А сада, да овај разговор не би испао превише озбиљан и искочио из оквира наше емисије, вратимо се ведријим темама. На пример, шта мислите о савременој америчкој жени?*
Следи ћаскање које не улази у нашу озбиљну тему, каква је обнова *Алема*.

18.

Ево нешто и из интервјуа с Александром Спасићем:
— *Ваша сестра Слађа... Слађана Мекдоналд, пре неки дан овде рече да је идеја о обнови* Алема *потекла од ње и од вас?*
— Да, идеја је заправо моја. Познато је да сам ја био један од руководећих људи *Алема* у време његовог оснивања.
— *Руководили сте пропагандом...*
— И пропагандом, и низом акција на стварању имица и фирме, и њеног производа. Спасићи су ударили темељ *Алему*, па желим да тај посао завршим на прави начин.
— *Који је то прави начин?*
— Видеће се на крају. Конац дело краси.

— *Брачни пар Макдоналд, ваш зет и сестра, појављују се као инвеститори. Хоћете ли и ви лично нешто уложити у обнову Алема?*
— Ја улажем идеје. У свету, на Западу, идеје су нешто највредније у сваком послу.
— *Наравно. А ви Спасићи сте познати по богатству идеја. Ипак, ви сада радите у фирми вашег зета, практично и ваше сестре...*
— Само привремено, док не стекнем свој капитал. Како сада стоје ствари, то ће се догодити врло брзо.
— *Уз помоћ Алема?*
— Уз помоћ *Алема*.
— Алем, *само Алем, свуда и увек Алем! Ви ћете свој план, свој амерички сан, дакле, остварити овде?!*
— Што да не. Американци свој сан остварују широм света, где стигну и узмогну.
Следи ћаскање о Америци, које опет прескачемо.

19.

Из разговора с Новицом Спасићем одмах изостављамо почетни део јер се ту разглаба како се код њега родила идеја о експлоатацији Белих стена, како је успео да покрене читаву друштвену машинерију да би дошло до реализације великог пројекта итд.итд.*

Задржаћемо се само на ономе шта Новица Спасић сада мисли о *Алему* и његовој обнови.
— *Господине Спасићу, ви сте по својој прилици највише веровали да ће једном ипак доћи до обнове Алема?*

---

* Читалац који жели може о томе подробније да се обавести из првог дела домановићградске хронике, назване *Покровитељи*.

— Увек сам знао да оно што сам ја пронашао, некоме ће некад да затреба... Дошло је то време. Зато сам чувао и рудник и фабрику, обилазио их готово сваки дан.

— *С оним вашим чувеним мопедом! Још га имате? Колико му је година?*

— Скоро тридесет.

— *Па то је феномен! За Гинисову књигу рекорда! Драги слушаоци, овим званично кандидујемо мопед господина Новице Спасића за Гиниса.*

— (Смеје се). Ја сам му сâм мајстор. Сад мало имам проблеме јер је словеначки производ, а ми смо се раздвојили од Словенаца.

— *Али још иде?... Одлично. Шта сада радите, како теку пензионерски дани?*

— Па, кад је почела ова обнова *Алема*, ја сам се опет активирао. Тренутно радим на проширењу тржишта.

— *Није ваљда опет Турска?*

— С Турцима више никад. Пронашао сам нешто сигурније.

— *Ако није тајна?*

— Румуни, нема шта да се крије. У преговорима сам са њима. Има великих изгледа и за пласман на њиховом тржишту, и за заједничко инвестирање.

— *Американци, Румуни... Па то може да буде интернационална, мултинационална компанија!*

— Што да не. Па ми имамо богатство за цео свет!

20.

Наступило је време разраде „Пројекта ревитализације Рудника и Фабрике *Алем*", који је усвојила Скупштина општине Домановићград. Истина, опозиција је покушала да блокира подухват... Српски обновитељи истицали су како се „повампирују пропале комунистичке фабрике", демократе указивали како „владајућа странка, да би задржала власт, подгрева лаж о богатству на којем тобож лежи општина", док је по радикалима „лоповска банда смислила како ће још једном опљачкати народ". Али ништа од тога није продрло у ширу јавност јер су Радио Домановићград и *Домановићградске новости* ту расправу једноставно прескочиле, сматрајући је безвредном. Само је објављена вест на ударном месту да је Скупштина усвојила „ Пројекат...", који ће у наредном периоду бити приоритетни задатак општине Домановићград.

Градоначелник Златан Пришевић тако је добио пуне руке посла. И у самој Општини, али ништа мање и у Београду. Бар једном недељно путовао је у престоницу, где се састајао с разним утицајним руководиоцима, посебно и увек са својим земљаком, министром Јездимиром Зеленовићем. Главна битка водила се око инвестиција, да се издвоји пристојна сума за прву руку, док не стигну Мекдоналдови долари, а онда ће све ићи као по лоју. Једном опечен, Језда сада није желео да се истрчава и појављује на челу колоне обновитеља *Алема*, па је Златана упућивао од немила до недрага да се сам бори. Вођа је, истина, стао иза пројекта, али увек има чауша који би да закину, правдајући то тешком економском ситуацијом. Златан је, опет, настојао да намакне што више пара, а у томе су га храбрили и подучавали министар Језда и министарка Звездана. Средства су потребна и да се активира *Алем*, али и много тога пратећег, као што је довршење њиховог хотела *Златна обала*.

Колико је од помоћи био Језда, Златану је много више користила Звездана, дама у сенци али с јаким везама. Схвативши одакле дувају ветрови, она је, пак, званично пришла ЛУЈ-у. Засад само као члан његовог ширег руководећег тела, али с добрим изгледима да се ускоро нађе и у самом најужем врху. Са својим везама и утицајем, већ је била уз сам врх. Будући да је успоставила контакт с Њом око промоције њене књиге у Домановићграду, Звездана Јој се из дана у дан све више приближавала. Пратила је на Њеним турнејама по земљи (засад још не и у иностранству), некако Јој се стално налазила при руци: чим нешто затреба, она је ту да уради, потрчи, скокне. С друге стране, и Њој је Домановићград прирастао за срце откако ју је предложио за Нобелову награду, што је Звездана вешто користила. Тако, на пример, с великом пажњом и дивљењем знала је сатима да слуша Њене филозофске монологе, гласна размишљања о томе како усрећити свој народ, и не само свој. Како је то чинила само међу најинтимнијим пријатељима, јасно је колико је тиме узнапредовао и Звезданин статус.

Једном приликом Златан се пожалио Звездани да се већ уморио путујући у Београд и обилазећи надлежне, а она се насмејала. Управо су обилазили градњу хотела *Златна обала*. Звездана је предложила, а Златан одмах прихватио, да се хотел прекрсти у *Алем*. Закључили су да је то прикладнији назив из више разлога. Најпре, лепа је и звучна сама реч *алем*, односно драги камен, затим, биће веома корисно за будући рад хотела да се веже и називом за домановићградски гигант. Ту је и трећи разлог, који је можда и најпресуднији. По граду је већ кружила подсмешљива прича, која је допрла и до њихових ушију. Наиме, кад су домановићграђани видели на градилишту фирму *Хотел Златна обала*, почели су да се запиткују: кад је па то обала Муља била златна кад је стално муљава и у кориту и на обали, да би као најзад одгонетнули: па јесте, обала постаје златно-жута пошто ту радо, нарочито ноћу, Роми из Циган-мале врше велику нужду.

На јадиковке Златанове, дакле, Звездана се насмејала и рекла:

— Ће ти се исплати то трчање, Злате, врло брзо.

— Ће добијемо ли најзад паре?

— Лично Она ми је обећала да ће опоменути све оне који са тим затежу. Ако си читао Њено последње *отворено писмо*, уочио би тај њен став. У њему Она истиче да земља с богатим ресурсима не треба да брине за своју будућност, још мање да се моли и клања по свету. Сад је све извесно, биће пара, и то поприлично. Нешто и да завршимо наш хотелчић. А могли бисмо, шта мислиш, да активирамо и Аеродром?

Златан се најпре избечи, али, видевши у Звезданиним очима одлучност, прихвати идеју.

21.

Тих дана Лиза и Слађа су се увелико здружиле.

Услед честих Златанових путовања у престоницу, где је знао да се задржи и по два–три дана, као и одласка ћерке Злате на летовање у Грчку, Лиза је почела да се осећа усамљеном. У исто време, опет, Слађана се уморила водајући по граду досадног Џона, коме је памет била стално уз његов бизнис у Америци, све ће тамо пропасти без њега. Уствари, он ју је на посредан начин наговарао да се врате, посебно користећи децу, која су остала сама, први пут тако дуго. Слађи је, пак, живот у Домановићграду, из којег је некад побегла главом без обзира, сада наједном постао занимљив. Зато је једном приликом, за доручком, пресекла тихо прегањање са својим мужем:

– Што ти не би отпутовао сам, и због бизниса, и због деце. Ја ћу се још мало овде позабавити *Алемом* заједно са Сашом, да видимо како ће се ствари развијати.

Након неколико дана Џон је и отпутовао. Због њега, званично, поново је прорадио Домановићградски аеродром. Додуше, још није успостављена стална путничка линија, али су зато учестали чартер-летови, мањим авионима, углавном *цеснама*. Најчешћи путници били су Звездана и Златан, те покоји министар из Београда или домановићградски руководилац и привредник.

На Џоновом испраћају на Аеродрому, с којим ће до Београда летети и Звездана и Златан, били су

Слађана, Саша и Лиза. Природно, на свом аеродрому морао је бити и мајор Секулић. И, кад је мала *цесна* узлетела, мајор је позвао друштво на пиће у своју канцеларију. Уз чашицу вискија с ледом, мајор је начинио корак даље, предложивши да се увече нађу у Дому Војске, уз музику. Биће његови гости, наглашава. Колико је предлог био прихватљив за Слађу, будући да воли проводе, он је још више добродошао Саши, који је тражио начин како да се поново зближи с Лизом.

– Идеја није лоша? – Саша погледа упитно две даме.

Слађана се насмеја, а Лиза слеже раменима.

– Ма, ајде, Лиза! – охрабри је њена другарица.

22.

Друштво је први пут видело мајора Секулића у цивилу, у ресторану Дома, и једва га препознало. Слађана је одмах приметила да му бело одело, онако препланулом од сунца, лепо стоји. Ово је за њу био додатни разлог да се у друштву новог каваљера осећа пријатно. За добро расположење њој и иначе много не треба, посебно кад попије коју чашицу. Мајор, опет, окружен лепим дамама и једним светским господином, готово да је изгубио меру у испољавању галантности. Шта све није наручивао за своје госте! И јела и пића, и музику. Мало-мало, па би виолиниста прилазио његовом столу и свирао на увце. Келнери су се утркивали ко ће служити мајорово друштво јер им је одавно знано да, кад се он распилави, неће проћи без добре напојнице. Уосталом, по отмености овај је сто изван конкуренције у читавој сали: уз мајора с репутацијом широкоруког госта, ту су двоје „наших Американаца", од којих је дама и жена богатог бизнисмена који ће инвестирати у Домановићграду, те најзад, или пре на првом месту, госпођа градоначелниковица.

Мајор и Слађана нашли су се и у причи, и у весељу, и у игри на подијуму. Посебно су изводили керефеке док су плесали. У рокенролу, истина, једва им је успео пребачај даме преко леђа каваљера (дама мало потежа, кавалир поднапит и сâм, откако не лети, не баш у најбољој форми), али су ипак измамили овације целе сале, посебно јер је у тој акробацији Слађина сукња слетела чак до струка и открила све што се дотле скривало испод ње, изузев дела које су штитиле њене чипкане црне гаћице. Зато су танго аргентино извели са много више умешности: мајор је демонстрирао крутост, сецкање покрета, док га је Слађана пратила гледајући га страсно у очи.

И док се Слађана лудо забављала, а мајор ликовао због лепе Американке, дотле су Лиза и Саша и даље остали на дистанци. Он је покушао да оправда своје некадашње бекство, говорио јој да и сам није нашао срећу и туђини, али од прегласне музике и опште кафанске буке, његове речи с подигнутим тоном тешко су могле икога убедити. И што се Саша више трудио, Лиза је постајала све крућа. Открила је нешто у њиховим односима што пре двадесетак година није знала: док јој је он тада измицао, она је јурила за њим и патила; због њене равнодушности, сада Саша луди.

Негде после поноћи, Слађа је ушла у мајорев нови форд, каваљер одмах за њом, па је остало да Лиза повезе Сашу својом црвеном лимузином.

23.

Кад су кренули, мајор упита куда да вози. Слађана најпре слеже раменима, затим додаде: према Боровњаку. Официр у цивилу се обрадова: у том викенд-насељу може се доживети само нешто лепо. Тај предлог био је за њега веома обећавајући – лепа Американка је добрано загризла! И чим су се извезли ван града, пошто промени брзину, мајор своју десну шаку пребаци са ручице мењача на дамина полуоткривена колена. Она му је склони уз осмех. Мајор је упоран, враћа руку. Онда су се мало кошкали око поседништва над том територијом. Пошто дама не одустаје, мајор поступи каваљерски и престаде да дира њена колена. Али убрзо затим пребаци руку преко даминих рамена. Показа се да сапутница није спремна да му уступи и тај део тела. Мајору преостаде да немирну руку врати на волан.

На улазу у викенд-насеље Слађана затражи од мајора да заустави.

– Боље да се вратимо, немамо где.

– Али ви имате овде викендицу...

– Да, али ће ту свакако доћи Саша и Лиза. – Мајор поче да негодује, па Слађа убаци резервни аргумент: – Уосталом, проблем су и „црвене бригаде".

Мајор се штрецну, војна терминологија зачас га натера да се уозбиљи.

– Какве бригаде?!

Видевши тако препаднутог официра, она му се насмеја.

– Нема ту никакве опасности, мој мајоре, само имам менструацију.

– А,то! – одахну мајор. – Па ништа, онда мало петинга.

Мајор одмах пређе с речи на дело, али му се предмет његових страсти нагло измаче, па његове усне, пошто је зажмурио пред пољубац, заврше на наслону седишта.

– Па нећемо се сад балавити, господине мајоре, нисмо деца – прекоре га Слађана.

Док су се возили натраг, Слађана је све више уверавала себе да је добро што је пресекла авантуру с мајором. На подијуму у ресторану био јој је некако привлачнији, али чим ју је охладио ноћни ваздух, почела је да увиђа да мојор и није њен тип. Никако не подноси навалентне, радије сама води игру.

„Црвене бригаде" убацила је јер то увек пали код мушкараца, посебно оних упорнијих.

Слађана истовремено схвати да је, уместо мајора, пожелела неког друго у Домановићграду.

24.

Лиза довезе Сашу пред зграду у којој станују Спасићи.

– Вози код тебе – одједном измени план Саша. – Није фер да ти мене испраћаш. Што год мислила, ипак у мени има нешто џентлменско.

Поново су се возили кроз град, ћутке. Она није хтела да попусти, он више није знао шта да учини да би му се вратила. Зато, кад су стали пред новом вилом породице Пришевић, уз реку Муљу, Саша се захвали на вожњи и изађе.

Лиза остаде пометена. Својим хладним држањем, ето, отерала га је, а то је најмање што је желела. Уместо да увезе кола у гаражу, она их остави пред капијом и журно изађе. Саша срећом није далеко одмакао, корачао је лагано. Кад Лиза залупи вратима, он се окрену. Она је, као покисла, гледала за њим. План, скован у последњем тренутку, да ће му растанак без речи опроштаја бити последња шанса, ево, остварује се. Да се врати? Не, још мало, нека га она позове. Ипак, да не претера, шта ако се она окрене и оде?

Саша одлучи да одигра улогу из љубавног филма: он јури у загрљај вољеној. Она је већ била у том филму. Он је закорачио према њој, она према њему, па су убрзали кораке и – већ су у загрљају. Али само закратко. Њихов филм је ипак реалистички.

– Неко ће нас види – упозори Лиза. – Ајмо у кола, па ћемо кроз гаражу...

Љубили су се целим степеништем од гараже до првог спрата. Она му се препустила, никад је раније није љубио тако помахнитало. Лиза је најзад дошла до своје сатисфакције: не само да јој се вратио, него је сад заљубљенији у њу него икад раније. Уследио је још један доказ: кад су се усплахирено разоденули и бацили на кревет, он није инсистирао на оралном сексу, што је раније обавезно чинио. Напротив, љубио ју је и миловао по целом телу. Сад је било онако како је она желела, па ипак, чинило јој се да њиховом љубавничком односу нешто недостаје. Зар је и Златан не љуби страсно по врату, грудима, стомаку? Али са својим мужем никад није осетила дражи оралног секса. Он се не би осмелио да нешто тако покуша. Тако она већ двадесетак година није загњурила главу у мушке препоне, нити је у својим устима осетила мушкост која распамећује.

Кад је Саша хтео да уђе у њу, она га заустави и спусти се ниже – да опет буде као некада. Било је то јаче од ње.

Све је по старом, закључи Саша и препусти се уживању.

Пробудила га је чим је почело да свиће. Мора да се искраде док се сасвим не раздани.

– Ја сам удата, ако си заборавио – опомену га. Била је у танкој кућној хаљини, из које су вириле њене једре беле груди, с изазовним руменим брадавицама. Он се придигну и загњури лице између њених дојки.

– Могла би са мном у Америку – шапну јој.

Овај предлог дође изнебуха и Лиза остаде блокирана. Кад се поврати, запита: а шта са Златаном и Златицом? Златицу ће повести са собом, она је његова ћерка, сазнао је... Је ли сигуран, да се није прерачунао? – покушала је да га још држи у неизвесности. Сигуран је, у томе га не може поколебати ма колико се трудила. Добро, настављала је, а шта са Златаном, није он било ко? Њега ће отровати, окренуо је на шалу. Она се ипак штрецну.

– Луд си. Као и цела твоја Америка.

– Нека сам. Ти сад добро размисли. Немој после да кажеш да сам опет побегао а да те нисам звао.

Напоменула је да, ето, има и лепу кућу, и бензинску пумпу, граде и хотел... Све би морала да остави. Пола од тога увек је њено, указивао је, и то не може бити разлог. Што се тиче куће, заиста је лепа, и ентеријер, намештај. Одакле им, из увоза? Ма не, одавде, из суседства, добили од *Тимпа*. Ваљда купили? Баш добили, Златан има неке аранжмане око нафте с директором *Тимпа*.

– Све је океј – закључи Саша – можемо у Америци имати и боље, само да средим ово с *Алемом*.

Лиза се штрецну: – Ето, видиш, између нас је опет *Алем*.

– Само привремено. Сад ја водим игру.

25.

Много пута изневерени и разочарани, Домановићграђани не би ни сада поверовали у брзи процват свог места да многе промене нису гледали својим очима. Као прво, прорадио је Аеродром. Истина, лете само престонични и домановићградски угледници, али су гајили наду да неће протећи много воде Муљом када ће и обични, мали људи моћи да се одвезу својим аутом до свог аеродрома, седну у авион и одлете у Америку, Тајланд, Тунгузију... ко где извољева. Као друго, ужурбано се привршава изградња хотела *Алем*, што говори да се његови власници увелико припремају за скори дочек угледних гостију. Такви нерадо посећују сиротињу, а то што их и сада има повремено у граду на Муљи, и што ће их бити све више, очигледан је знак да за Домановићград опет наилазе лепи дани.

Као треће (остављено за крај не зато што би било најмање важно, већ напротив, због тога што је у овој градацији најубедљивији доказ да почиње прави препород), почели су да се праве спискови бивших радника *Алема* ради њиховог повратка на стара радна места! То је потресло читаву општину. Некадашњи *алемовци* данас се с носталгијом сећају како су у време стварања *Алема* имали лепе личне дохотке, утолико пре што су многи од њих сада без посла, или су на принудном одмору, или раде за мизерне платице (не рачунајући оне који су се преселили на бувљак и одали ситном шверцу). Кад се све ово има у виду, онда ништа чудно што су стари алемовци похрлили на упис. Усто, њима су се придружили и многи нови нараштаји без посла и перспективе.

Као и некада, кад су се окупљали на митинзима подршке на Тргу Маршала Тита, ево њих поново на истом месту (с тим што се оно, како је већ речено, сада зове Трг Цара Лазара), да у дугачком реду сачекају срећан тренутак кад ће се наћи унутра, у мермерној палати, и својим уписом обезбедити себи и својој породици изгледнију будућност. Тек понеки неупућени, видевши толики ред који је опасивао Трг чак двапут, запиткивали су јесу ли можда Дафина или Језда отворили банку у Домановићграду, спремни да уложе своју уштеђевиницу. И не сачекавши одговор, настављали су: а колика је камата, 15 или можда чак 20 одсто месечно?

Како би се обезбедио континуитет *Алему* (као да је минулих двадесетак година преспавано, или као да их уопште и није било), општинско руководство је одлучило да се *Алем* поново усели у старе просторије у Белој палати, на читав други спрат. Однекуд је нађен и враћен и орахов намештај у кабинет генералног директора, па кад су тамо увели Новицу Спасића, он се, иако склон највећим маштаријама, за тренутак заљуљао, питајући се да ли можда сања. Утолико пре што се окупило све општинско руководство на тај свечани чин – повратак старог генералног директора *Алема* на његово радно место. Ваш приповедач се због тога осећа веома поносним, ето, определио се за јунака без чије маштарије не може ниједан препородитељ и усрећитељ.

Новица Спасић опет у свом кабинету! Није могао да се уздржи а да се широко не осмехне, разголити зубе, да се, што је њему својствено, исцери. Опет је дошао на своје, не могу они без њега. Али он због тога ни најмање не ликује, њему није до личне победе. Наш јунак је изнад тога, он не пати од сујете. Њему је довољно кад други прихвате оно што он измашта и испланира, само на том пољу воли да се такмичи. Неко време мислили су да могу и сами да смисле нешто замашно, али нису успели. Поново су се сетили њега, вратили му се, и то је њему било сасвим довољно.

26.

Али нису сви стали уз новопрокламовани прогрес.

Последњих неколико година и у Домановићграду вршља некаква опозиција. Она се ни са чим не слаже, па се тако није сложила ни да се обнови *Алем*. Пошто су се на седници Скупштине општине изређале њихове критике, устао је вођа *есесесоваца* и шеф одборничке групе ССС-а Душан-Дуле Брзић и у микрофон – готово да га прогута! – узвикнуо:

– Што оћете, бре, ви из опозиције? Што год ми предложимо, ви сте против. Ви нећете ништо, чак ни прогрес! Па зар не видите да је *Алем* наша будућност, наша улазница у двајеспрви век?! Зар вама није доста ни то што један капиталистички бизнисмен улаже доларе у нашу фирму, у наш развој, а овамо ви сте кобајаги за капитализацију, за страна улагања. Ви сте, штоно рекли, увек антипротивни. Али ми ће изгласамо овај пројекат па макар ви цркли од муке! Ми ће кројимо општинску политику, а не ви који сте контраши и дудуци!

Некадашњи омладински руководилац села Радојева, Дуле Брзић био је лепо узнапредовао. Из омладинске структуре кооптиран је у Социјалистички савез у Домановићграду, где је догурао чак до његовог председника. Пошто се, с појавом вишестраначја, Социјалистички савез претворио у социјалистичку странку Србије, и Дуле Брзић се по аутоматизму нашао на њеном челу.

На другој страни су његови политички противници Миле Шојић, Радиша Шопаловић и Растко Зеленовић.

Као некадашњи комерцијални директор Домановићградске индустрије коже *Сјај,* предузећа којим је до формирања *Алема* руководио Новица Спасић, Шојић је данас власник те фирме. Уз помоћ још неколико ортака, успео је да приватизује предузеће пошто је општина, окренувши се драгом камену и другим великим плановима, забатлила кожарство. Приватни власници су обновили кожарство, развили откуп коже по околним селима и данас добрим делом њоме снабдевају српску обућарску индустрију, којој је, због санкција, онемогућен увоз репроматеријала. Чим је стекао економску моћ, Шојић је пожелео да се бави и политиком. Определио се за Странку српске обнове, да би се убрзо нашао на њеном челу у Домановићграду.

Радиша Шопаловић, пак, пошто је истеран из Домановићградске индустрије обуће ДИОБ, где је био подуже директор, а будући правник, отворио је адвокатску канцеларију. Увек у политици, ни сада није могао да остане по страни. Ево њега као месног лидера Демократског пута.

Растко Зеленовић је млађи син Јездимира Зеленовића из првог брака. Кад је старији брат Бобан постао начелник СУП-а, млађи Растко је и сам кренуо путем успеха. Као добровољац, најпре се обрео у Источној Славонији, где је освајао, и освојио Вуковар. Онда се вратио у Домановићград да изиграва хероја, нарочито пред старијим братом, полицајцем. Неко време уважаван је и у граду и у породици, чак и од стране брата и оца, али с променом политичког курса према рату и миру, вуковарски и сви други ондашњи хероји пали су у запећак. Схвативши да је изигран, он је био као створен да преузме кормило Радикалне странке у Домановићграду. Браћа Зеленовић, Бобан и Растко, нашли су се тако на супротним странама. Усто, док је Бобан почео да шурује с оцем и маћехом, Растко се сасвим окренуо мајци.

Три опозициона лидера, међутим, нису се баш слагала ни међусобно. Кошкали су се око престижног положаја предводника опозиције. Као успешни приватник, Миле Шојић је сматрао да му припада примат, утолико пре што његова странка има највише одборника међу опозиционим партијама. Радиша Шопаловић, као искуснији политичар и правник, настојао је да он избије на чело опозиције и постане њен уједнитељ. Најзад, најмлађи, али и најватренији, Растко Зеленовић никако није могао да прихвати да неко други, уместо њега, јунака и патриоте, може да буде опозициони предводник. Тај раздор вешто су подгревали и сами *есесесовци*, форсирајући, по свом нахођењу, час једног, час другог, час трећег на радију и у *Домановићградским новостима*.

Алем их је ипак окупио јер су заједнички устали против његове обнове. Шојић и Шопаловић већ су једном платили због *Алема*, док за млађаног Растка ништа природније него да буде против *Алема* пошто га подржавају његови отац и брат. Усто, сва тројица опозиционара нису веровала у будућност *Алема*, па су тако лични мотиви само појачани општим.

— Једном сте већ све упропастили у овој општини, и сточарство, и кожарство, и обућарство, и сваку другу корисну делатност зарад вашег белостенског камена, па зар вам то није доста – викао је, тако, са скупштинске говорнице Миле Шојић. – Да не бесмо нас неколицина трезвених људи да спасимо Кожару, не знам одакле бисте имали кожу за обућарске фабрике, сем ако је не одерете са себе. Сад ваш *Алем* неће моћи ни да се дотакне Кожаре, јер ви ту немате приступа, али се бојим да ћете опет да упропастите све друго.

— Ви *есесесовци* летите високо, а ниско падате – говорио је адвокат Шопаловић. – Са својим мегаломанским идејама упропашћавали сте овај народ пуних пола века комунистичке владавине, али вам је и то мало, хоћете сад да га докусурите. Ти капиталистички бизнисмени су лажни као и ваш дијамант, све је код вас једна велика лаж.

Растко Зеленовић је, пак, запретио:

– Кад ми радикали дођемо на власт, све вас који сад петљате око *Алема* ће постројимо на Белим стенама, вашем устаничком, комунистичком светилишту, и ће пострељамо као народне издајице, лопове и пљачкаше.

Узвратио им је Дуле Брзић, али није могао да ођути ни председник Скупштине општине Златан Пришевић:

– Како бисмо сачували достојанство ове установе, ја се нећу служим вашим речником, којим пљујете на све, па и на наша света места из отаџбинског рата. Ви, пошто немате аргументе, можете да пљујете и псујете, али тиме нећете да зауставите наш прогрес. Где ви шијете, ту се ми протињамо: мислите ако зауставите развој, ће завлада сиромаштво, па ће незадовољан народ да се окрене против нас и ви добијете власт. Али, то вам је рачун без крчмара, господо. Ето, видите, ја за вас не кажем ни да сте лопови, ни мегаломани, ни народни непријатељи, него вас ословљавам са господо. Е па, господо, ми ће летимо, ће измишљамо, како ви кажете, и дијаманте, и шта оћемо, али ће владамо још сто година. Ви нам ништа не можете. Ето, сад ће изгласамо и *Алем*!

И *Алем* је, са већином *есесесовских* одборника у Скупштини, глатко прошао.

27.

Адвокат Радиша Шопаловић спремао се да пође у Суд на заказану парницу, кад зачу неку галаму испред своје канцеларије. Извикиван је некакав лопов, па он, будући да има честа посла с разним преступницима, што би се рекло професионално деформисан, одмах помисли да то јуре неког крадљивца. Изађе да види. Кад тамо, на улици, окупило

се тридесетак људи (међу њима и понека жена), машу некаквим транспарентима и вичу:
– Изађи, лопове!
Чим се он појави на вратима канцеларије, демонстранти га дочекаше са „уа". Нема сумње, закључи Шопаловић, овај красни дочек уприличен је баш њему. Да види о чему се ради, он поче да чита транспаренте. Била су три. На једном је писало: ШОПАЛОВИЋ – ГРОБАР ДИОБ-а, на другом: АДВОКАТ – НАРОДНА ГУЛИКОЖА, на трећем: ЛОПОВЕ, ВРАТИ РАДНИЦИМА ПАРЕ.
Шопаловић протрља очи да нешто не сања. Чија ли је овоујдурма? Он већ двадесетак година нема никакве везе с фабриком обуће, откуд да га сада потежу и вређају свакојаким погрдама? Мора да сазна ко стоји иза овог „радничког протеста".
Међу демонстрантима препозна некадашњег пословђу у ДИОБ–у, Веселина, Веска, колико се сећа његовог имена. Приђе му и пред њим отвори пакло цигарета. Извади себи једну, па понуди и пословођу.
– Запали, Веско.
Пословођа се колеба, та он је некакав предводник демонстраната против адвоката, а овамо цигарете мамкају, кутија лепа, дуван увозни... Рука сама пође ка кутији. Док му је Шопаловић припаљивао, нагрнуше још многе руке, па паклица цигарета би зачас испражњена.
– Ајде, Веско, да узмемо још цигарета – позва Шопаловић свог некадашњег пословођу у канцеларију. Веселин се опет нећка, погледује своје колеге, очима их пита шта да ради. Они му климају главом. Он пође за адвокатом сагнуте главе, као да се на тај начин смањује и крије.
Унутра, адвокат заобиђе писаћи сто и седе, па понуди и Веселина столицом намењеном странкама. Пословођа се спусти полако, као да се плаши да ће сломити столицу.
С улице је допирао жагор, али су престала погрдна узвикивања. Тајм-аут док трају цигарет-преговори.

Шопаловић погледа Веселина продорно, затим му се насмеши да би га охрабрио.

– Па добро, мајку му, Веско, зашто ја лопов и гробар?!

– Шта се може, друже директоре – истеже врат Веселин, у коме проради некадашњи однос потчињеног према претпостављеном.

– Знам. Све знам, наредили вам – олакша му ситуацију Шопаловић. – Само, ко? Ајде, кажи, сами смо. И сарађивали смо некад, колико се сећам, међу нама није било трзавица. Је л' тако, Веско?

– Тако је, друже директоре – сложи се Веселин. – Ја немам, да кажемо, ништа лично против вас. Кад ви бесте, ДИОБ некако и стајаше, а после све горе и горе.

– И, ко вам нареди ово...?

Веселин се осврну да случајно некога нема иза његових леђа, па се нагну према адвокату.

– Па, наш садашњи директор. Каже, стигла директива из Комитет, да вас мало потпрашимо ако оћемо првог плате. Шта ћемо, мора да се једе.

– Из Комитета, кажеш? Не одричу се наши нови *есесесовци* своје старе добре цркве – Комитета. Вук длаку мења, али не и ћуд. Од Дулета Брзића, јасно. Знам и зашто. Пре неки дан, Веско, ја их критиковах у Скупштини због оног несрећног *Алема*, па сад оће да ме заплаше.

Шопаловић извади из стола неколико кутија цигарета и пружи их пословођи.

– На, подели.

Убрзо затим, пошто су млако поновили своје погрде, демонстранти се разиђоше мирно.

28.

Испред фризерског салона *Локница* стаде дугачка црна лимузина, која одмах привуче пажњу власнице салона Гордане Зеленовић и њених двеју помоћница. Под хаубама, пак, седеле су две мештанке. Свих пет жена приметило је ознаку М и мале бројеве на регистарској таблици аутомобила. Опет неко милицијско застрашивање, закључи власница Гордана. Знамо ми одакле вам паре за овако леп салон, ратни плен твог мужа, накрао се по Славонији... Немају никакве доказе, али кад год хоће нешто да сместе Растку, њеном мужу, они зађу и у њен салон.

Овога пута изненађење је веће – долази јој у посету главни полицајац, њен девер Бобан Зеленовић–Шериф. Излази с наочарима за сунце и право у салон.

– Које добро, бата-Бобане? – дочекује га с иронијом.

Скидајући наочаре, Шериф показује главом да пређу у њену канцеларију. Кад су ушли, он затвори врата, па заобиђе писаћи сто и спусти се на место које припаде власници салона. Гордана остаде да стоји, навикла је већ на његову бахатост.

– Седи – готово јој нареди. Била је ту још једна столица, у углу, али она заврте главом; неће јој бар у њеној кући наређивати.

– Нека, ја се осећам као у својој кући. Које добро, да поновим?

– Није добро – добује Шериф прстима по столу. Онда се његово лице преподоби. – Ти знаш да ја тебе ценим и... волим, као снаху, разуме се.

– Знам, бата-Бобане, како да не, и ја тебе волим, као девера – узврати она подсмешљиво.

– Ти се зезаш – уозбиљи се начелник СУП-а – а ја сам овде као рођак, као брат, иначе да није тако, друкчије би разговарали.

– И то ми је познато, девере. Ти све можеш.

– Могу, да се не лажемо. Рачунам да си ти још разумна, имате децу, два слатка синчића, треба да мислите на њих. Али онај твој, усијана глава, мисли да му је ово Вуковар и да може што оће. Замисли, молим те, он још прети, и то усред Скупштине, пред онолико одборника! Па он није читав!

– Па браћа сте, од исте мајке и оца.

– Неко је ипак изрод – успротиви се старији брат.
– Слажем се – опет ће снаха подсмешљиво.
– Добро, нисам дошао да се натежемо – заузе Шериф званичнији став. – Дошао сам да те замолим да утичеш на њега. Да ја и ти сарађујемо и да му помогнемо.
– Хвала, бата-Бобане, али ја с полицијом не сарађујем. А што се тиче Растка, ће му кажем да си долазио. Што је до мене, ће га саветујем, шут с рогатим не може.
– Саветуј га, да га ја не саветујем.
Начелник Зеленовић надену црне наочаре на нос па журно напусти фризерски салон.

29.

Миле Шојић доби позив из општине, да се јави Комисији за утврђивање порекла имовине.
– Бре-бре, што се досетили! – изговорио је наглас, иако је седео сам у својој канцеларији. – Због мене активирали стару комисију од пре десет година. Да ме заплаше, могу да ми узму Кожару ако не заћутим. Што да се лажемо, ако науме, могу и да реализују, ништа њи не може да спречи. Само, ако се грутка закотрља, ће се направи читава лавина и ће зафати и оне који су је гурнули. Добро, другови из Комисије, мене питате одакле ми средства да учествујем у куповини Кожаре, а знате да сам наследио очево имање у Радојеву и продао. А што је продао ваш председник Златан Пришевић, питам ја вас? Ништо. Е па, кад је ништо, питајте њега одакле му паре да купи бензинску пумпу и гради хотелчину! Питајте првог грађанина Домановићграда да случајно те паре нису од шверца бензина и цигарета. Па, другови, кад то будете испитали, онда можете да питате и мене одакле ми средства за Кожару.
Овај Шојићев монолог брзо се пронео по граду. Потврдило се, ето, да и зидови имају уши. Шојић се

није јавио Комисији, али му ни од ње није стигло упозорење да мора да се суочи с њом.

Шојићу није дуго требало да сазна како му је позив самоиницијативно упутио председник већ заборављене Комисије, из времена популарне друштвене акције „Имаш кућу, врати стан", извесни Невен Пузовић, некада челник Социјалистичког савеза. Хтео је да га заплаши, показујући му како *есесесовци* имају широк репертоар на избору кад хоће с неким да се обрачунају. Ревносни Пузовић свакако би истрајао у свом науму да му градоначелник Златан Пришевић није дошапнуо: не таласај.

30.

Породица Спасић је опет на окупу, и опет је узела у своје руке судбину *Алема*. Пошто је Скупштина општине озваничила Новицу Спасића као генералног директора Рудника и Фабрике *Алем*, даљу кадровску политику у предузећу преузели су Спасићи, тачније њен најагилнији члан Александар–Саша. Он је назначен као директор Рудника *Беле стене,* док је Слађана, као Спасићева, али и као представник породице Мекдоналд, постављена за руководиоца Фабрике накита *Алем.* Подела како и приличи: брату „грубљи" део предузећа, сестри „финији".

Није остала по страни ни Звездана Зеленовић. Некада један од пионира *Алема* а данас главна моторна снага у његовој обнови, она је за себе смислила место заменика генералног директора. Најзад, у подели функција, није заобиђена ни породица Пришевић: градоначелникова супруга Елизабета-Лиза именована је за генералног секретара *Алема*. Времена и прилике су се, ето, промениле, некадашња секретарица је узнапредовала до пословног секретара. Но, у новом *Алему* њој је на старту практично запао прави посао: евидентирање бивших *алемоваца*. На том задатку прикључила јој се Слађана, више да буду заједно и да убија време. У суштини, њих две су само надгледале посао, док је попис обављала група службеника из старог састава *Алема*.

Осим прављења спискова, другог посла и није било. Све се сводило на оно „до даљњег". Док се не скину санкције. Онда ће Џон Мекдоналд уложити паре, па ће одмах кренути производња. У то давно време (све што уђе у причу поприма мирис давнине – већ је примећено у нашој хроноци), санкције су стајале на путу сваком подухвату. Скину ли се оне – говорило се тада – одмах ће све потећи као бујица кад се подигне брана: и производња, и трговина, и стандард, и културни живот, и све радости и задовољства. А дотле, ваља се стрпети, издржати. И људи су стезали каишеве и зубе и све подносили.

31.

Тај велики дан – скидање санкција и размах свог *Алема* – стрпљиво је чекао и наш јунак Новица Спасић. Једно време он је ревносно одлазио на посао, ујутру тачно у седам, седао за велики орахов сто, стављао преда се кутију са својим светлуцавим каменчићима и превртао их, превртао... Тако из дана у дан. Готово нико му није долазио, осим понекад ћерка или син, и то не као његови пословни помоћници, већ онако, породично, због разних ситница.Ређе генерални секретар предузећа Лиза, а готово занемарљиво његов заменик, његова десна рука, Звездана. И рашта би кад је предузеће, чим је обновљено, практично стављено у стање мировања. Сви послови *Алема* одвијали су се изван њега, а у структурама, где је Звездана природно присутнија од свих осталих руководилаца предузећа. А ако је и свраћала у *Алем*, онда углавном зато да би видела Сашу. Слично и председник Златан: сиђе у просторије предузећа као да види шта се ради, а уствари да провери како му се понаша жена.

Пролазили су тако једнолични дани. Новица је седео у свом раскошном кабинету и играо се шареним каменчићима; седео тако и играо се, па се уморио. Постало му је дозлабога досадно. Човек немирног духа, каквог га је бог створио, он би радије да буде у покрету. Пролазећи свакодневно поред бувљака, који му је био на путу, сретао је своје пијачне пајташе, ситне шверцере, и долазио у искушење да се и сам врати трговини и настави с продајом својих привезака. Ипак, одолевао је, никако не приличи да се глава једног гиганта, који ће ускоро слати своје производе камионима и авионима широм света, бави ситном трговином.

Једном тако досађујући се у свом кабинету, Новица се запита: зашто мора ту стално да седи као везан, зар му функција не омогућава да обилази погоне и надгледа? И, не јавивши се никоме (секретарицу, уосталом, још није поставио), он се искраде из Беле палате, одјури кући, узјаше свој мопед, па правац Беле стене. Каквог ли задовољства кад се нађе на отвореном путу! Извесна сета обузе га тек кад стиже у подножје брда, јер ту не срете старог чобанина деда-Јакима. Знао је да се стари земљак још пре неколико година преселио у вечни живот, па ипак, некако му се надао. Волео би опет с њим да полемише о предностима својих шарених каменчића над његовим стадом оваца. Сада поготово, јер његов *Алем* поново високо узлеће.

Горе на брду дочека га чувар рудничких барака и опреме у њима, Радојевчанин Милко, млађи син Здравка Хајдуковића, негдашњег председника Месне заједнице Радојева, који је својски подржавао Новицу у његовим плановима јер је у томе видео и будућност за своје синове. Ево сад једног његовог сина у тој будућности. Новица затиче мрзовољног младог човека и зачуди се: шта му фали, излежава се, ништа не ради, а да је за овцама, морао би да буде на ногама, и да потрчи.

– Сад је све по старом, Милко, ја сам ти опет генерални – похвали се Новица свом земљаку и задовољно се исцери. – Ускоро има да се крене озбиљно, нема више зафрканције. Дошли моји из Америке, зет ми је богаташ, ће да паре.

– Ће видимо и то чудо – узврати хладно чувар.

Новица није задовољан његовим држањем. Очекивао је више поштовања према себи као генералном, и више одушевљења што се активира предузеће које ће му донети лепшу будућност.

– Какво је овде стање? – обрати му се Новица сада као надређени. – Машине на броју? И нико не дира наш камен, нема лопова?

– Све на броју – узврати чувар суво у виду рапорта.

Новица пође да преконтролише стање у баракама, али се предомисли, испашће велики бирократа, а он с том улогом нема ништа. Зато узјаше мопед, па се сјури низбрдо.

Ускоро ће стићи у Фабрику накита, где ће на сличан начин проверити стање.

Тако је он бар двапута у недељи налазио себи посла.

32.

Слађана поче свакодневно да одлази у фирму. Добила је и засебну канцеларију, иако је испрва говорила да њој засад ништа не треба, биће с Лизом у истој просторији. Сад, наједном, хоће да изиграва директора, да прима странке.

Готово једина, и најчешћа, странка био јој је млади новинар Милан Шећеровић. Добивши задатак непосредно од директора Твртка Сератлића да прати *Алем*, он је све у Редакцији изненадио својим самопрегором. Нема дана кад Миле Шећерко није одлазио у *Алем* и, што је још више чудило његове колеге, задржавао се тамо и по више сати. Додуше, такав његов ангажман није се испољио и у количини прилога на Радију и у *Новостима*, али су зато његови текстови постали озбиљнији; Шећерко је добрано уронио у привреду, економију, пословност. Било је очигледно да силно жели да се задржи на том послу.

Саша и Лиза најбоље су знали где у *Алему* обитава Миле Шећерко. Код Слађане, у њеној новој канцеларији. Брзо им је постало јасно зашто је пожелела да се издвоји. Али, то је и њима одговарало, Лиза је остала сама и Саша је могао без икаквог устручавања да чешће свраћа код ње. Повремено, и она му је узвраћала посете. Истина, Слађа им није била нека нарочита препрека; ипак, љубавницима свако трећи смета.

Највећа сметња, па и стална опасност, за њих био је Златан. мало-мало, па би се градоначелник спустио са четвртог спрата на други, у просторије *Алема*. Као треба нешто код генералног Новице Спасића, па код директора Саше Спасића, па код генералног секретара Елизабете Пришевић, своје Лизе. Изговор се увек могао наћи. Код своје жене је свраћао и због њихових приватних послова – бензинске пумпе и хотела у изградњи, и породичних – ћерка, кућа. Лиза му је неколико пута указала да је то могао и телефоном, али је он узвраћао да неке ствари не могу телефоном. После тога је, да не би побудила сумњу, престала да му ишта говори.

У тој игри жмурке, први се уморио Златан. Није престао да сумња у своју жену, али није успео ни да сумњи нађе потврду. Онда је рекао себи: клин се клином избија. Вратиће он Лизи на куб. Активирао је свој мали харем, учестали су састанци с љубавницама из непосредног окружења – с куририком Катом, дактилографкињом Даром и чистачицом Ценом. Одмах је осетио у себи неко смирење, равнотежа је била опет успостављена. Али не постојана. Осећао се испуњеним, чак победником, само док су трајали љубавни загрљаји и опуштања после њих. А онда се поново враћао црв сумње, пред очима му је лебдела слика Лизе и Саше. Живео је тако између малих љубавничких победа, кад је славио, и трајног пораза, који је потискивао. Повремено је ликовао што уместо једне има чак четири жене, али је знао да падне, истина доста ретко, и у искушење да дигне руку на себе.

Та се мисао појавила у њему након непосредног суочавања с једном својом жртвом. Све дотле он је своја љубакања узимао као неку врсту рекреативног спорта ради побољшања свог емотивног и менталног стања. Притом никад није помишљао да оно што он узима, некоме већ припада. И тај неко осећа се исто толико повређен као и он кад му неко други отима његово. А пошто је због исте крађе и сам патио, сада је почео да сажаљева и оног кога је он оштетио, сматрајући га сапатником. Као што је све у животу много сложено, таква је и душа човекова – знао је Златан да закључи у тренуцима дубоког самоиспитивања.

А ево шта се десило. Веза с куририком Катом текла је као вода јер је она била распуштеница. Ни са чистачицом Ценом, мада је она била удата, није било проблема јер се с њом састајао у време њеног поподневног рада у Општини. Тек у трећој вези се појавила пукотина. Дактилографкиња Дара је морала да остаје после радног времена под изговором да председнику треба нешто неодложно да откуца. Како је тај прековремени рад учестао, а овамо нема вишка плате, њен муж је почео да приговара. Надокнаду за „прековремени рад", која се састојала од шефових поклона парфема и атрактивног доњег веша, наравно код куће није могла да пријави. Нити се мирисала, нити изазовно облачила због мужа; то је било намењено само дародавцу.

И, једног поподнева дошло је до изненађења. Пошто су установили да је сав персонал са спрата отишао, Дара и Златан су закључали врата кабинета и почели да се свлаче. Он ципеле, сако и панталоне и стигао је до кошуље. Она је доспела до доњег веша, црног и чипканог, најновијег љубавниковог поклона.

– Свиђа ли ти се? – прсила се и гузила дактилографкиња изигравајући манекенку која демонстрира доњи веш.

– Рипче и по – узврати градоначелник пиљећи у њене крпице на узбудљивим избочинама. Њено једро и још младо тело, чим би се ослободило неупадљиве хаљине, постајало је изазовно; више није била маргинална сарадница, већ сушти еротски објекат.

– Какав ће онда бити напад? – зачикавала је голишава жена, поступајући по већ уходаном сценарију који је смислио сам председник.

– Као у кориди, жесток! – узврати он као и толико пута пре тога.

Таман кад се скинувши гаће и при том ослободивши две лоптице између ногу, отежале као у бика, спремао да узвикне „оле" и јурне на своју такође голу жртву, зачу се куцање на вратима. Њих двоје се скаменише и утишаше да је и мушица могла да се чује. Куцање се понови. Ситуација постаде озбиља. Златан брзо навуче гаће и поче да петља с панталонама, никако да погоди праву ногавицу, све дајући знак да и она пожури с облачењем. – Истовремено је наставио да говори онде где је као малопре стао:

– Јесте ли написали: „Напад ће бити жесток"?

– Јесам, господине председниче – „Напад ће бити жесток".

– Добро – потврди Златан и поче да навлачи ципеле. Онда идемо даље. Пишите: „Због тога се упозорава грађанство..."

Она је закопчавала блузу и, наравно, ништа од куцања на машини. Златан се досети, приђе сам писаћој машини на столу и једним прстом поче да удара по диркама без везе. Сад се и машина чула и камуфлажа је била потпуна. Куцање у врата се понови. Златан је погледом пожуривао Дару да већ једном заврши с облачењем. Као ништа не чују, наставља да диктира и куцка по машини.

– „... грађанство да испуни обавезе према општини благовремено..."

Поправљајући фризуру, Дара је понављала развлачећи:

– „... пре-ма оп-шти-ни бла-го-вре-ме-но..."

Онај иза врата био је упоран. Њих двоје, пошто су се погледали узајамно и закључили да је све у реду, споразумеше се да сад могу да отворе. И Дара приђе вратима и истовремено их откључа и отвори, да испадне као да нису ни била закључана.

А кад тамо – њен венчани муж. Она устукну, али се брзо снађе и одмах крену у противнапад:

– Шта ћеш ти овде?!

Човек завири унутра, тамо седи заваљен иза свог стола градоначелник, испред њега писаћа машина (додуше у њој нема увучене хартије, али зар то може упасти у очи усплахиреном трагачу), па напред празна столица на окретање, какве најчешће користе дактилографкиње. Не учини му се ништа сумњиво.

– Па нема те...
– Видиш да радим.
– ... Нема те, а Гоца дошла из школе...
– Ниси сакат, можеш и ти да јој даш ручак, стоји готов у фрижидеру.
– ... и жали се на главу, има и температуру – најзад човек успе да заврши оно што је наумио.
– Могао си да је одведеш код доктора уместо што си...
– Нека, госпођо Даро – одлучи да се умеша Златан – ви слободно идите, ће наставимо сутра.

Сцена на вратима постала је мучна. Наједном, он у Дарином мужу препозна себе, док су унутра Лиза и Саша. Заврте му се цео кабинет, зидови се испремешташе, плафон се љуљао као да ће сваког тренутка пасти. Срећом, то је трајало врло кратко.

Кад је Дара отишла за својим мужем, махнувши дискретно свом љубавнику, Златан се већ прибрао. Истог часа је одлучио да прекине с Даром. Како би јој надокнадио труд, наложио је да јој се исплати прековремени рад у висини још једне плате. Службенице у рачуноводству, љубоморне што их једна дактилографкиња толико надмашује у дохотку, загледавши се подсмешљиво док је Дара излазила с ковертом у руци, насмејале су се и прокоментарисале:

– Сиротица, није јој лако да толико *прековремено* ради!

Али само после неколико дана, Златан се предомислио. А ко њега штеди? Што више сапатника, и њему лакше. Тако је Дара опет враћена у харем. Али су се зато његови силасци на *Алемов* спрат проредили. Није могао више себе да замисли у улози Дариног мужа, онако покислог и посрамљеног на вратима. Закључио је да је лакше живети са сумњом неголи с истином.

ТРЕЋИ ДЕО

1.

Вест коју је Домановићград поодавно очекивао донела је – а ко би други? – Звездана Зеленовић.

Председник Златан Пришевић одмах је сазвао састанак с најпозванијима. Тако су се у градоначелниковом кабинету поново нашли на окупу: уз Звездану и Златана, и лидери ССС-а и ЛУЈ-а, Душан Брзић и Жарко Кривић, те и незаобилазни начелник СУП-а Бобан Зеленовић-Шериф. У комбинацији су испрва били и Спасићи, као реализатори обнове *Алема*, али се од тога брзо одустало. Закључено је да ће ово ипак бити скуп на којем ће се разговарати о поверљивим стварима, а они су, у неку руку, страни елементи, колико наши толико и Американци, ко може да гарантује да ту није умешала прсте и свемоћна ЦИА... Уосталом, као заменик генералног директора, Звездана ће моћи легитимно да заступа *Алем*.

– Господо и другови, опет нам се осмехнула срећа! – започе Звездана узвишеним тоном, како и приличи тренутку. – Јуче је Језди и мени јављено, а ево мене данас овде да то и вама пренесем, да је Он не само стао иза нашег програма, него је одлучио и да нас уврсти у најужи приоритет!

– Ооо! – оте се из свих присутних грла.

– Господо и другови – настави Звездана, пошто сачека да прође први талас одушевљења – Он је спреман да учини и више од тога: да својим присуством увелича свечано отварање новог *Алема*!

– Оооооо! – уздах одушевљења сад беше још дужи.

Златан се напућио као паун, приписујући себи у заслугу част којом ће општина на чијем је он челу бити удостојена.

Звездана од почетка није крила да сва заслуга за такав високи третман овог места припада искључиво њој.

Али ни остали нису гушили своје амбиције. Дуле Брзић није био далеко од закључка да је Он, творац и лидер ССС-а, прихватио да дође у Домановићград јер је то јака *есесесовска* средина. Жаре Кривић, опет, сконтао је да је Она, након недавне посете, била ипак веома задовољна размахом овдашњег ЛУЈ-а, па је без сумње утицала на Његову одлуку. Ни Шериф није био без илузија: сигурно су *горе* у МУП-у утврдили да је с безбедносне тачке ово сигурна средина, па су Му саветовали да може без икакве опасности да је посети.

– Од мене толико – закључи своју кратку али ефектну реч Звездана. – А ви сад гледајте да се обрукате!

Сву четворицу њених саговорника зачас напусти летаргија.

– Добро, добро, немојте да се мрштите – насмеши им се Звездана. – Ја само да упозорим. Уосталом, ако ће нас Он удостојити својом посетом, првом, а можда и последњом, онда треба и да се покажемо. Ми морамо овде да организујемо митинг над митинзима!

Сви су климали главама; хтели су рећи да се тако нешто подразумева.

– Море, има да дођу сви, па ако треба и они из болнице! – пређе с речи на дела увек агилни Шериф.

– Нећемо претеривати, Бобане – стиша га градоначелник. – Митинг треба да буде израз народног одушевљења.

– Има тако и да изгледа, ако је до изгледа – исправи се на свој начин млађани начелник СУП–а.

А онда, неочекивано, закошкаше се Жаре Кривић и Дуле Брзић. Пошто Жаре истрча с похвалом да ће његови *лујци* доћи сви одреда на митинг, Дуле примети с нескривеном иронијом да је њихова бројност тек толика да засоли манифестацију; ако је до масовности, могу је обезбедити само *есесесовци*. Жаре узврати да се његов опонент можда прерачунао, јер многи дојучерашњи припадници ССС-а данас су чланови ЛУЈ-а. Дуле му не оста дужан: уместо да узима чланство од опозиционих странака, ЛУЈ врбује *есесесовце,* који су и овако на истој страни.

– Ми ће скупимо народ колко треба – победоносно закључи полемику Дуле Брзић.

– Нема колко треба, нема лимита, него што више – умеша се Звездана, па као прави лидер скупа, одлучно смири страсти: – И нема „наши" и „ваши", сви смо ми овде једно исто.

– Па јесте – прискочи и Златан. Пошто је и сам недавно прешао из ССС-а у ЛУЈ, одговарало му је да се две партије никако и ни у чему не подвајају. – Не треба да буде суревњивости између нас – додаде.

Дуле Брзић хтеде да му каже: па ако смо исто, што си пребегао у ЛУЈ, али се у последњем тренутку обузда, његов брзи језик доћи ће му главе. Опомену се да се с *лујцима* не сме заподевати никаква кавга.

Пошто су се духови смирили, Звездана на крају заслади:

– Господо и другови, знам да вас посебно копка колико ће нас помогне Република. Сад је сасвим извесно: поприлично, много! Биће довољно и да се припреми *Алем* за отварање, али и да се мало среди град пред Његов долазак.

Уследи опет оно радосно и дугачко „о". Не би се са сигурношћу могло рећи да ли је овога пута било на броју више тих гласова него у претходном случају, односно да ли је вест о Његовој посети изазвала веће одушевљење од вести да стижу паре. Лично је председник Златан био наклоњенији овом другом случају, односно да су паре те које дубље дирају, али он то јавно, разуме се, никад не би саопштио.

2.

Институт за економику минералних сировина у Београду преживео је на ногама све друштвене промене и недаће а са њим и његов директор др инж. Обрад Узелац. Већ је и сам заборавио откад је на челу ове установе. Понеки скептичнији његови сарадници прогнозирају да ће се Институт одржати онолико колико још буде могао да га води др Узелац. Али нико није вечит, Обрад је већ поодавно испунио све услове за пензију. Ако је он још у радном односу, то је зато што сам себе, као наредбодавалац у установи, није пензионисао „по сили закона". Поводом тога и он, и сви у Институту, изигравају Тоше, јер оде ли он, одоше и они... У најбољем случају у фузију с неком сличном установом, каквих има ко кусих петлова, а вероватније у ликвидацију. Једино Узелац може да одржи Институт, да се носи са свакојаким државним и политичким алама и транама, које мало-мало, па измишљају реорганизације, фузије, ликвидације... И ова најновија политичка гарнитура би да удари катанац на његову установу, да их Узелац није предухитрио. Баш кад је почело да се шушка како ће многе научне установе морати да се угасе, кадли Обрад опет проналази спасоносну формулу која ће његовом институту продужити живот. Медикамент је, додуше, прилично познат, мада су понеки гадљиви на њега. Др Узелац је у свом животу много тога прогутао да не би сада и овај.

Др Обрад Узелац се, наиме, учланио у ЛУЈ. Као директор познате научне установе, те и као човек не без научне и организаторске репутације, испуњавао је битне услове не само за улазак у ту предводничку партију, него и да се нађе бар у ширем руководству. Он се својски заложио да се попне и на више место у партијској хијерархији. Најпре, учествовао је на свим научним и стручним саветовањима које је организовао ЛУЈ и настојао да буду запажена његова излагања. Посебно да га запази Она, челница ЛУЈ-а. Како су му били знани њени ставови, није му било тешко да усмери воду на ту воденицу.

Ево сада нашег старог знанца у Домановићграду. По први пут! Звучи невероватно, јер је његов институт пре двадесетак година урадио ону чувену прелиминарну научно-стручну анализу о оправданости експлоатације минерала са Белих стена код Радојева, која је послужила као чврста основа за стварање домановићградског привредног чуда. Цела та анализа, читав тај мали елаборат, испоставиће се, ето, урађен је кабинетски, а да нико из Института, све до самог директора Узелца, није примирисао ни у Домановићграду, ни у Радојеву. Било би веома чудно, чак несмотрено, да се и сада директор Узелац појављује у Домановићграду, да није реч о промишљеном и далековидом човеку.

Овога пута, пошто брег није кренуо Мухамеду, онда ће Мухамед брегу. Наиме, нањушивши да се домановићградски *Алем* обнавља, он се јавио „старом пријатељу и сараднику" Новици Спасићу да би га упитао, штоно се каже, за јуначко здравље. Из разговора с њим, др Узелац докучиће да стари-нови директор Новица Спасић сада не располаже средствима. Онај који нема пара, за Обрада није занимљив. Али разговор је итекако био драгоцен јер је установио ко је сада газда у Домановићграду и ко држи кључеве од касе. И, не губећи време, он ће се одмах обратити првом човеку домановићграда, Златану Пришевићу. Ни далековиди Узелац није претпоставио да је Домановићград, односно његов градоначелник, већ канио да поново затражи помоћ његовог института!

Прескачући процедуралне ситнице, затичемо др Узелца у кабинету председника Пришевића. Мало ћаскања пре него ће прећи на озбиљан разговор. Др Узелац, као светски човек, учесник многих међународних научних и стручних скупова, брзо и спретно шармира свог провинцијског домаћина. Неколико анегдота из белог света, неколико згода из престоничког живота, и градоначелник је мек као душа. Али, да би се извукле паре, Обрад је знао да није доста само раскравити саговорника. Ваља га и матирати. Запитао је Златана је ли и он члан ЛУЈ-а, а већ је знао, распитао се још у Београду, да јесте, однедавно. Председник потврђује.

– Некако сам осетио да сте и ви *лујко!* – с усхићењем закључи др Узелац. – Иста крвна група, лако се препознајемо. Ту недавно разговарам с Њом, мојом колегиницом по академској титули, о... не сећам се сад тачно о чему, то и није битно – наставља др Обрад да импресионира свог провинцијског домаћина – кадли закључисмо да су нам погледи на многа питања и проблеме идентични. „Па наравно", кажем ја Њој, „кад смо иста крвна група!" Било јој је драго па се од свег срца насмејала.

Златан се из петних жила напрезао да дочара Њено насмејано лице, јер приликом Њене скорашње посете Домановићграду, ни на књижевној вечери, ни у Планинарском дому, ни сутрадан на састанку Општинског одбора ЛУЈ-а, нигде није приметио ни летимичан осмех на Њеном безизразном лицу. Шта је друго могао сада да закључи до ли како се Она не смеје у провинцији, није то Њен ниво, већ само у друштву себи равних, доктора и научника. Стога и није посумњао како га спретни др Узелац обрађује финим причицама из високог друштва. Напротив, пошто ће се у две-три речи договорити о послу (др Узелцу је одговарало што није поменута никаква сума, то му омогућава да је сам одреди), за уваженог госта председник Пришевић приредиће ручак у хотелу *Гранд*.

Да све поприми легалну форму, на ручак је позван и најоперативнији представник *Алема*, Александар Спасић. Пошто су, при крају ручка, уз чашицу вина, сва тројица предсказали славну будућност *Алему*, др Узелац пожеле да посети Беле стене. Саша се понуди да лично покаже угледном научнику домановићградске резерве драгог камена.

3.

Убрзо потом њих двојица су се возили општинском лимузином према Белим стенама. Др Узелац знао је унапред шта ће видети, као минеролог нагледао се у животу свакојаких стена и камења. Било му је све јасно и онда, пре двадесетак година, па је стога и анализу о оправданости експлоатације белостенског камена назвао прелиминарном. Позове ли га неко *одозго* на одговорност, имаће поуздану одступницу: анализа је рађена само на основу послатих узорака, а шта садрже те Беле стене, није му познато јер тамо никад није крочио; наручилац је инсистирао на хитности, па је Институт испоштовао његов захтев.

Тако је поступио тада. Али зар сада, посећујући Беле стене, др Узелац не упада у клопку?

Никако, др Узелац опет има одступницу. И то не једну него две. Као прво, буде ли наслутио ишта сумњиво, предухитриће их повлачењем у пензију. Али, наравно, тек у крајњој нужди. До тога, готово је уверен, никако неће доћи. Из простог разлога што је домановићградски камен, ма какав био, данас преко потребан. Зна се коме и зашто. Није он од јуче, разуме се у сваку политику. Па ипак, можда др Узелац и не би баш поуздано знао коме је и зашто потребан „домановићградски дијамант" да није присуствовао једном састанку Дирекције ЛУЈ-а, где је баш из Њених уста чуо како се добитна стратегија наредних избора заснива и на стварању илузија у народу да с левицом нема неизвесности; а као један од тих чврстих упоришта Она је поменула и Домановићград. „У овом тешком тренутку, народу је потребна нада, и ми ћемо му је пружити!" сећа се др Узелац Њених завршних речи. Он је, пак, у себи узвикнуо: „Па тај домановићградски драги камен је мој! Ја сам га већ једном *открио*. Биће ту опет посла."

И ево сада времешног доктора Узелца како се с пуним стомаком, после обилатог ручка, заноси на задњем седишту лимузине по завојитом планинском путу према Белим стенама. Мука му је у желуцу, али сили себе да издржи. Бар једном, пре него се повуче у пензију, мора да види и те Беле стене, највећу опсену у својој дугогодишњој успешној каријери.

Видео је оно што је и очекивао. Још док су прилазили баракама Рудника, пред њим су се указале громадне беличасте стене, које су блештале на сунцу и пружале слику нечег магловитог и узвишеног, готово божанског. Чак и њега, сувопарног минеролога који камен види као камен, без икаквог духа у њему, ове стене биле су у стању да за тренутак понесу. А шта је тек остало за лаике, поготово ако су пуни маште и склони поезији.

Изашли су из лимузине, прошетали по мајдану где се некад, док је Рудник био активан, секао и дробио белостенски камен. Др Узелац је узимао у руке карактеристичније, шареније примерке, разгледао их тобож знатижељно, чак се и задубљивао, па их враћао натраг, бацао на гомилу. Пар пута сpeo је упитни поглед свог пратиоца, да би му узвратио климањем главе. Изустио је само „занимљиво", потом додао „веома занимљиво", и ништа више. Знао је да и његов сарадник на истом послу зна о чему се ради, био је сигуран да и млађи Спасић, који је омирисао амерички бизнис, има неку своју рачуницу кад се упушта у обнову *Алема*. Др Узелац, наравно, није показао радозналост да по томе чепрка, као што ни сам није желео да и њега ико пита с којим се мотивима враћа „домановићградском дијаманту".

На повратку у Домановићград, др Узелац, сећајући се свог негдашњег дружења с оцем младог Спасића, исприча ведру анегдоту из Минхена. Кад су оно Новица и он чекали у хотелу две пегаве буце, гратис фирме *Kurtz,* па се изјаловило. Др Узелац се слатко насмеја тој „авантури".

4.

По доласку у град, Обрад Узелац изрази жељу да се види са својим негдашњим компањоном Новицом Спасићем, али за то није било прилике. Док се трагало за Новицом (да ли је био у обиласку погона *Алема*, или је скокнуо до бувљака...), искрсла је могућност да се др Узелац врати у Београд авионом, па ју је он одмах прихватио. Саша га је одвезао на Аеродром, где су затекли управо приспелог Јездимира Зеленовића, за кога је и био уприличен специјални лет. Др Узелац и министар Зеленовић чули су један за другога још у време рађања *Алема*, али се никад нису срели. Ни њихов први сусрет није био спектакуларан: руковали су се, изменили по неколико речи о послу, поменули и *Алем*, изразивши обојица уверење да ће домановићградски подухват овога пута имати много више среће, да би се још једном руковали на растанку.

Саша је довезао министра Зеленовића у град. Тако је испало да је у кратком размаку, у само једном дану, срео два очева негдашња блиска сарадника. Приметно су се разликовали. Док је др Узелац био елоквентан и духовит, министар Зеленовић, иако Сашу добро познаје још из времена стварања *Алема*, није заподенуо неки постојанији разговор. Али није пропустио прилику да упита како му је стари, држи ли се Новица. Двадесетак година нису се видели. Кад је оно пропао *Алем*, у који су обојица уложили све своје наде, путеви су им се разишли: Језда је прешао у Београд, а Новица остао да тавори у Домановићграду. И пре *Алема* готово да се нису познавали. Зближио их је само сјај белостенских каменчића и, док је њега било, трајало је и њихово пријатељство.

Језда није много говорио јер су га обузела сећања. Ретко је долазио у свој родни крај, али кад год би се нашао у Домановићграду, увек га је опседала прошлост. Никако није могао да се отме од кривице за пропаст *Алема*. Није био довољно упоран да увери ондашњег *Алемовог* главног патрона Велимира Мајсторовића да се олако не дижу руке с домановићградског гиганта. С таквим горким искуством, он настоји да избегне да се чвршће веже за садашњу обнову *Алема* како не би можда доживео још једно разочарење. Али у томе тешко успева, осећа неку силу која га стално вуче *Алему;* човек се увек враћа промашеној љубави.

Дошао је у Домановићград као претходница, да припреми терен за Вођин боравак. Срешће се са садашњим градоначелником Златаном Пришевићем, својим подаљим наследником на тој функцији. Осећао је љубомору према њему јер му се чинило да ће плодове негдашњег свог сна о домановић--градском препороду убрати, без икакве заслуге, жутокљунац Златан, који је у оно славно време био тек омладински руководилац, потрчко у ондашњој градској структури.

Много тога подсећало је Јездимира Зеленовића на старе дане и он се поприлично губио у прошлости, мешао времена, догађаје, па и људе. Тако му се у једном тренутку учинило да је Саша Новица, па ће му рећи: „Твоји снови о драгом камену ипак ће се остварити." Пошто је и Саша имао свој сан, радо је прихватио министрову прогнозу.

Распет између прошлости и садашњости, министар Језда је своју мисију у Домановићграду обавио готово брзопотезно – указао општинској врхушки шта им је и како чинити да Вођина посета протекне без проблема – па је затражио да га одвезу у његову вилу у насељу Боровњак. Морао је ту да досања своје снове о драгом камену и домановићградском узлету. А у том сну увек је било места и за Новицу Спасића. Слика његовог старог пајташа, из времена када су били нераздвојни пар, због чега су њихова имена слили у *Језди Новица,* у Боровњаку је почела да му се приказује на сваком месту. Данас мора да га види! И Језда потражи у старом именику, који је стајао у вили, Спасићев број телефона. Окрену га и, гле, звони, број се није променио. А кад још зачу Новичин глас, тек онда је у потпуности доживео заустављено време.

5.

Супштало се вече, кад је Новица дојездио на свом старом мопеду пред вилу Зеленовића. Сусрет је био дирљив. Стари пријатељи остали су дуго у загрљају. Онда су сели на терасу и слатко се испричали, сећајући се старих добрих времена и узносећи своје негдашње визије, те смејући се неким ситним пропустима; и били су опет тандем. Изненађен таквим топлим дочеком, Новица је брзо заборавио Јездин немар, па и неправду, што га је читавих двадестак година занемаривао, као да не постоји. Понекад није могао то да опрости Језди, али је чешће његово широко срце само налазило оправдање: сигурно Језда тамо у Београду не диже главу од посла и брига... И нехотице, Новица се понашао по оној девизи: величина човека је у праштању.

– Оћемо ли? – изненада заблисташе Јездине очи. Министар је показивао према сеновитој боровој шумици под месечином.

– Па, оћемо – прихвати Новица. Такав предлог није могао да одбије.

Језда се одмах стушти према великом бору, оном који с својом висином издвајао и пре двадесетак година. За њим Новица, настојећи да га следи у брзини, али неуспешно. Јер, кад је стигао под велики бор, Језда је већ чучао са спуштеним панталонама. Откопча каиш и Новица и, пре него ће се спустити, потражи и он своје старо место. Језда је, колико види, чучао на своме.

– Одавно нисам овако у природи, мој Новице – уздахну министар. – А и где бих у Београду, мал'не специјално да се одвезем у Кошутњак или на Авалу.

– Па ја сам овде, а ето, нисам од онда – узврати Новица.

– А наш Домановићград доле светли ли, светли – захвати Језду стара романтика, а све је наоколо тражио мазан каменчић да му послужи уместо тоалет-папира. Новица је, пак, кидао травке испред себе и правио букетић за исту сврху.

– Па јес, наш Домановићград светли – сложи се Новица.

– Где би му био крај да смо онда успели! – наставља Језда са својим сентименталностима. – Саградисмо Белу палату, и ево је како поносито штрчи усред града, види се тамо подаље и Аеродром, само да беше среће с *Алемом*...

– Ће буде сад – одлучно додаде Новица. – Не знам како други, али ја сам одувек веровао да ће се опет врнемо на наш драги камен. Па не може Домановићград, ни сви други, да смисли ништа боље од тога.

– Ту си сасвим у праву – сложи се Језда. – Морам да ти признам да сам се онда дебело био поколебао. Уплаши ме држање Веље Мајсторовића, Титовог доглавника, а без њега онда нисмо могли ни макац. Но, сад је друга ствар, наш нови Вођа стоји чврсто иза обнове. Њему треба домановићградски дијамант. А кад Он нешто испланира и науми, нема те силе која ће га спречи. А ја знам да слушам и да се покоравам. Бар сам толико научио како се остаје у власти. Вежи коња где ти газда каже, одавно је неко мудро рекао. Мада сам се, Новице, помало уморио. И људски организам има границу до које може да издржи, а борба за власт највише исцрпљује. Зато, кад се све ово с *Алемом* заврши, ће се повучем. Ја бих то учинио и раније, али Звездана неће да чује за живу главу, усладило јој се да буде министарка. Не могу да је разочарам, добра је и одана преко сваке мере.

На оно „одана", Новици прелете у сећању кад је оно Слађа зачикавала Сашу због Звездане, али брзо одбаци сваку сумњу; кад Језда каже да је тако, онда је тако.

– И ја не планирам да останем у Алему – придружи се Новица Јездином резоновању. – Чим оправимо предузеће, све ће препустим деци. Саши и Слађи и зету Џону, а ја ће се вратим у миран живот са својом Лепосавом. Колко могу, ће их помажем и саветујем са стране. За мене је највећа срећа што су се вратили.

– Деца су највећа срећа – сложи се Језда с уздахом. – Али и несрећа. Моји синови овде... ко највећи непријатељи. Зато избегавам и да их сретнем.

– Шта им фали, добри су они – теши га Новица. – Један има одговорну функцију, безбедност, други води странку.

– Па јес, можда си у праву – охрабрен, прихвати Језда. – Ја немам права да им пребацујем, нисам био са њима да их усмеравам...

Да скрене тему, Новица као узгред напомену да му још остаје да заврши договор с Румунима, па је његова мисија у *Алему* испуњена. Језда се уплаши да Новица није можда на своју руку ступио у некакве међудржавне преговоре мимо Владе.

– О каквом ти то договору, ништа ми Звездана није рекла?

– Не зна ни она, никоме нисам рекао – умири га Новица. – То су неки пословни људи које овде срећем... Али, све је у фази преговора, што се каже. Кад буде готово, прво ћете ти и Звездана да знате.

– Добро ако је тако – прихвати министар устајући и подижући панталоне. Мазан каменчић већ је употребио. И Новица се брзо обриса својим свежњем травчица, па се и он усправи да се уреди.

6.

Новица је најзад нашао разлог да се врати на бувљак: министар Језда му је одобрио преговоре с Румунима. На тај начин је добио још један вентил за своју директорску клаустрофобију у Белој палати. Додуше, није се вратио на пијацу као дилер, трговац бижутеријом из домаће радиности, јер то ипак не би приличило генералном директору једног гиганта као што је *Алем*. Сад се нашао на уличној пијаци као пословаН човек, менаџер, да успостави пословне везе с Румунима. Иако су она два постарија црнопураста момка, Смутилеску и Лажилеску, долазили само једном недељно, и то петком, Новица је свраћао на буљак и другим данима, тобож да њих потражи. Без бувљака више није могао да дише, увукао му се под кожу. Ту су лагодна ћаскања с пајташима који се баве разним ситним шверцом и препродајом, шале и вицеви, понекад и политичке расправе и страначке полемике – све да лакше прође време.

Навикнути на Новичине маштарије, компањони на пијаци нису га озбиљно схватили када им је рекао – пошто су га упитали где је подуже одсуствовао – да је поново постао директор. „Добро", нашалио се један од њих, „неко и то мора." Новицу је ово малчице увредило, па је покушао да им објасни да ће његова фирма производити и продавати, и то у луксузним радњама, оно што је он донедавно износио на бувљак, али их је тиме још мање импресионирао. Сем уличних тезги, за њих као да није био достојан пажње ниједан други начин трговине. Новица је онда баталио да се натеже око тога и препустио се и сам уобичајеним ћаскањима.

Ни Смутилеску и Лажилеску испрва нису придавали нарочит значај новој Новичиној функцији. У време кад и код њих на сваком кораку ничу фирме и када се свако представља као директор и бизнисмен, закључили су тек да је и њихов домановићградски пријатељ смислио неку већу мућку, па ће изигравати не обичног већ генералног директора. Међутим, Новица је њих на сваки начин желео да увери да је заиста оно за шта се представља, и да има чак овлашћења од стране свог пријатеља министра да развија посао с Румунима. И кад није било друге, одвео их је у Белу палату (већ њен сјај их је импресионирао), па у свој богато опремљени кабинет, где ће бити до краја поколебани шта да мисле о свом пријатељу. Па још кад им је дао (они су по свом обичају схватили – поклонио) узорке накита које је пре двадесетак година почео да производи *Алем*, Смутилеску и Лажилеску су се кришом подгурнули раменим. Шта се ту нећкају, па ово ће бити за њих прави Елдорадо!

Пошто им је Новица дозволио да напуне торбе узорцима *Алема*, отишли су са чврстим обећањем да ће сада уложити све своје снаге и умеће на успостављање српско-румунске сарадње. Добрано стимулисани, већ следећег петка донели су неки папир од неког бизнисмена из Темишвара, Грандолескуа, којим се изражава спремност за сарадњу с *Алемом*. За награду, Смутилеску и Лажилеску су искамчили од Новице још по једну торбу накита.

7.

Новица ван себе од радости. Маше оним папиром по просторијама *Алема* као да је лоз који је добио премију, показује га Саши, Слађи и Лизи, па тркне и на четврти спрат да обрадује и председника Златана Пришевића. Нико није разумео шта ту пише јер је било на румунском, али су сви били понесени Новичиним пословним успехом.

Најбрже што је могао, имајући у виду авио-везу с Београдом, папир је стигао и у руке Звездане и Јездимира, који су се такође одушевили. Језда је брже-боље отрчао у Владу, право премијеру Шупљиновићу. Премијеру је румунски папир дошао као озеблом сунце, будући да његов кабинет није забележио никакав резултат. Он је одмах пожурио да о том подухвату реферише самом Вођи.

– То је без сумње крупан корак који сте постигли – похвалио је Вођа премијера своје владе, а преко њега и све оне који су заслужни за тај успех. – Ми ћемо ускоро у Домановићград и ова чињеница биће нам од несумњиве користи. Јер овим, нема сумње, пробијамо међународну блокаду и изолацију. Бизнис не познаје границе!

Притом је и Вођа махао папиром из Темишвара. Није га ни он прочитао, пошто, наравно, чак ни он није свемогућ па да зна румунски. Преводиоца нико није ни тражио јер и није било битно шта тачно пише тај Грандолеску. Папир је симболисао инострану подршку и то је било више него довољно да му се прида изузетан значај.

8.

Момци у тегет оделима и са воки-токијима наједном су се узмували око Виле у Гогољевој на Дедињу. Неколико њих су истрчали на улицу осветљену неоном јер је стражар на капији упозорио да се у близини нешто сумњиво догађа. И то баш у часу кад је јављено да Он долази!

Улицом недалеко од Виле, пак, један стари и прљави стојадин кретао се споро, готово је милео. Као да нешто ишчекује! – сину у главама момака у тегет оделима. Двојица сместа јурнуше на дрндави ауто, који се од страха заустави, укопа. Изнутра средовечни возач хтеде нешто да изусти, али остаде без гласа јер му се у том трену цев неке пуцаљке нађе тик пред очима. Снажни момак показивао му је главом да изађе. Сав дрхтећи од страха, човек се неспретно извуче из аута. Хтео је опет нешто да каже, али га снажни момак сатера уз ауто, нареди му да наслони руке о његов кров и да се не миче, ни да дише. Момак поче да га опипава, нарочито између ногу, јер му се у први мах учини да се ту крије нешто сумњиво. Страх га мину кад утврди да је то ипак само мушки алат. Није ни њему лако, претпостављени стално упозоравају да се отворе четворе очи, да су атентатори по правилу они који на први поглед најмање подлежу сумњи, да се оружје и свакојаке експлозивне направе најчешће крију између ногу, завлаче и у дупе... С таквом инструкцијом сад ти буди ладан и прибрано претражуј. Нема теорије, рећи ће у себи момак у тегет оделу.

Други момак је дотле претражио ауто. Завиривао испод седишта, где је наилазио на некакве прљаве крпетине, отварао касету испод волана, а ту некакави замашћени папири и зарђала батеријска лампа, па је затим извукао кључ из управљача и отворио и гепек отпозади, да и тамо провери. Тек тамо је било свашта: и ауто-прибор (дизалица, сајла за вучу, троугао, прва помоћ, кутија са сијалицама), и некаква уља у пластичној амбалажи, и још којекакве друге кутије и кутијице, па шрафчићи и жичице... Ревносни припадник обезбеђења прописно се ознојио, што од напора што од страха да му рука не улети у нешто опасно, експлозивно, док је све то испревртао и опипао.

Најзад се момци погледаше и климнуше главама један другоме.

– Шта ћеш ти овде? – реско упита возача момак који је претраживао ауто.

– Па, пролазио... – човек одвоји руке са крова аута, али га његов непосредни чувар муну у леђа, те се овај опет залепи за кров.

– Шта ти има да пролазиш овуда! – дрекну зачуђено момак који га је претраживао – И то у ово доба!

– Па, ја радим у Спортском центру Бањица, завршила ми се смена у десет...

– Не интересују нас твоји Маркови конаци. Зашто си онако милео?

– Па, нешто се покварило, не могу да променим брзину, неће мењач да укључи – човек одвоји руку од крова аута да покаже како није могао да промени брзину, али одмах осети ударац у крста па врати руку натраг. – Зато сам ишао првом – успе ипак да објасни своју муку.

Воки-токији запишташе и одмах се нађоше на уветима.

– Долази!

– Долази!
Момци се усплахирише.
– Торњај се сместа! – викну на возача момак који је претраживао ауто.

Човек опрезно окрену главу питајући се да ли заиста сме да напусти положај, па кад виде да иза леђа нема ревносног чувара, брзо улете у ауто, упали га, али се возило једва покрену и, што је још горе, настави да мили.
– Брже!
– Брже то!
Онај изнутра шири руке.
Момци се згледаше, па зађоше иза *стојадина* и снажно га погураше.

Убрзо су га склонили у једну споредну улицу и наредили возачу да њоме настави. Њих двојица тркнуше пред улаз у Вилу. У тај час дојури мотоциклиста обучен као астронаут, упита какав је то био инцидент, али му одговорише да је узбуна била лажна и да је све у реду.

Ускоро се појавише три дугачке црне лимузине, од којих само средња уђе у капију, која се одмах затим затвори.

9.

Кад Он уђе у пространи, полуосветљени фоаје, затече Њу како седи заваљена у цветну фотељу, поклон фирме *Тимпо*. То га зачуди, јер је Она обично касно увече била у својој радној соби на спрату и писала *отворена писма,* или напросто смишљала наредне политичке и државне акције.

– Хоћемо ли у твом или у мом кабинету, драги? – прекиде Она Његову недоумицу зашто је ту.

– Можемо ли то сутра, драга, уморан сам – покуша Он да избегне још један поноћни разговор. Пошто је самим ћутањем одбила Његов предлог. Он нађе за потребно да јој објасни због чега је уморан како не би помислила да заобилази разговор. Већ је наслућивао да је посреди нешто врло значајно чим га је ту чекала и чим толико инсистира. – Цео боговетни дан примао сам разне емисаре – Американце, Немце, Енглезе, Французе, Русе, па неке из ОУН, па из Унпрофора... Кабинет ми се претворио у ћепенак, па ко год наиђе, сврати код мене на пићенце.

– Претерујеш с тим примањима, драги, врши неку селекцију – посаветова га Она. – Шта ће Ти они Руси, њих више нико не зарезује. Боље се окрени Кинезима.

– Нека, ја сам се сасвим извештио у дипломатији, разговарам са свима, као преговарам, а овамо терам своје. Наравно, до једне границе, па кад се нема куд, што народ каже, онда скидај гаће.

– У последње време често то чиниш, драги. – Рекла је то својим равним врскавим гласом, некако неодређено, да се није могло разлучити да ли га сажаљева или је цинична.

– Исплатило се, као што знаш, драга. Ускоро ћу их све имати у шаци. Онај наш лукави Домановић им доскочио, пронашао дијамант!

– Домановићград, или, како ти више волиш, Домановић, ја сам ти сервирала на тацни, драги. Дала ти у руке најјаче оружје које неко данас може да поседује.

– Тенкју, дарлинг, куд бих ја без тебе. Иза сваког успешног мушкарца стоји жена.

– Ја нисам обична жена – процеди суво Она. – Уосталом, памти, па врати.

– Кад ја нисам вратио?! За сваку твоју услугу, враћам дупло. Уосталом, ни моја нафтоносна поља, која сам недавно отворио код Пожаревца, нису за бацање.

– Нису, али дијамант је дијамант. Како ће то тек одјекнути у свету!

– Ту нема сумње. Дијамант је дијамант! – Он се спусти у фотељу преко пута Ње. – Дакле, овде ћемо наставити разговор? А волео бих да га ипак одложимо за сутра.

Био је то последњи Његов трзај; и он осуђен на неуспех. Чим је сео, знао је да је прихватио дијалог, па ако се мора, и до зоре. Знала је Она да наметне и целоноћна бдења. Једино се бојао да се тако не догоди и овога пута, јер заиста је на крају снаге. Колико познаје своју жену, а зна је као стару пару, спремила је озбиљну тему. Хоће нешто да му натури.

– Као што рекосмо, драги, ја сам ти донела Домановићград. Кад сам ту идеју прихватила, мање сам имала у виду светски одјек, а више домаће прилике. С Домановићградом, дијамантима, добијају се предстојећи избори. Твоју популарност у народу ваљало је подгрејати јер су неке сумње почеле да је нагризају.

– Па већ сам ти признао, драга, Домановић је твоја заслуга. Шта сад хоћеш, да клекнем пред тобом?

– Не мораш толико, биће довољно само да и преда мном скинеш гаће.

Обоје су се насмејали на Њену успелу шалу. Он мало и кроз зубе.

– Уосталом, како твоја ТВ-спикерка, драги?

– Ајм сори, уредница.

– Океј, уредница. Виђаш ли је још?

– Нажалост, готово и не виђам. Кажем ти, од ових белосветских емисара и мировњака, не стижем ни да се честито попишким, а камоли с њом..

– Добро, добро, не мораш детаљисати. Сажаљевам те, јадничак.

– Не мораш. Важно је да ти имаш времена за свог омладинца.

– Већ одавно није омладинац, али нека ти буде. Ја имам времена, кад бисмо се зезали. И мени је моја партија на врату, усто држим катедру на факултету, пишем *отворена писма*, путујем по земљи и свету; промоције, предавања по академијама наука и уметности...

– Где си оно последњи пут била, драга, на којој академији?
– На Тунгуској.
– Лепо, богами. Куд ћеш лепши посао него да се бавиш науком и стичеш признања широм света. Апропо, она браћа Парић, имају ли пројђу у још некој земљи, па да увећамо број твојих академских титула?

Сад је Он био мало циничан, али Она одлучи да пређе преко тога.

– Знам, ти би радије да се ја одрекнем политике, али мало морген, како би ти рекао. Заједно смо кренули у политику, сећаш се, још у гимназији, у нашем дивном градићу, па ћемо заједно док нас смрт не растави.

– Ваљда ћемо и у смрти бити заједно?!

Он дубоко уздахну. Она окрену према Њему своје крупне тамне очи, које су у мраку изгледале још мрачније.

– Шта је па сад, драги? Шта се десило?
– Ништа... само малопре неки атентатор, и то баш у нашој улици, мал'не пред капијом Виле...
– Господе Боже! Па ја теби стално говорим да та твоја полиција не вреди ни по луле дувана. Ноћас ћу ја у *отвореном писму* најавити кадровске чистке у МУП-у, али и у Војсци и свим виталним државним органима. Већ имам у виду кога све почистити, има доста сумњивих и улизица, једно ти говоре у очи, друго раде иза леђа. Већ дуже ти говорим да се не можеш ослонити на ту твоју безбедност, а ти – појачао сам је, напримао десетине хиљада нових људи, као да се и ту механички може применити дијалектика преласка квантитета у квалитет. Важан је врх, а не број, колико су ти одани и послушни они на челу служби.

– Колико знам, драга, јесу. Па стално их проверавамо, селектирамо, смењујемо једне, унапређујемо друге, тако да су остали само најоданији и најпослушнији.

– И Чаушеску је имао најсигурнију полицију, Секуритате, па је завршио како је завршио, заједно с Еленом.
– Ниси морала баш сад такво поређење – штрецну се Он. – Уосталом, ја то имам у виду, учим на туђим грешкама.
– Нажалост, човек се увек учи на својим грешкама; само наук је тада закаснио.
У полумрачном фоајеу завлада гробна тишина. Обоје су ћутали, удубљени у своје мисли. Али та атмосфера, налик погребној, ипак не потраја дуго. Прекину је Она. Жене су увек брже на језику.
– Добро, нећемо више црне слутње. Окренимо се нечем лепшем, гледајмо с оптимизмом у будућност. Ја сам, драги, ево одлучила да на изборе идемо заједно.
– Мислиш коалиција ССС и ЛУЈ?
– Да, с једном листом.
– Значи, ипак не смеш сама, драга? – притајено је ликовао.
– Није у питању страх, ти знаш да се ја ничега не бојим. Једноставно, према комунистима још траје отпор, много је било пљувања и антипропаганде.
– Надам се да је више нема. Тā све је под контролом, и телевизија, и радио, и новине.
– Има ту још неких новиница и малих радија и ТВ-а који пљуцкају по нама. Проглашавају се слободним, независним! И ти то трпиш.
– Рачунам, због света, да се види да и ми имамо демократију, слободу медија. Ситна пецкала не могу нам ништа.
– У обичним околностима можда бих се и сложила с тобом, али не и сад пред изборе. Не смемо нимало да ризикујемо. Јер кад једном нешто измакне контроли, све крене низбрдо и онда се тешко зауставља. Ствари треба на време сасећи, у корену.
– Добро, и шта предлажеш? Да и њих забранимо?

– У сваком случају, да их уђуткамо. Ако нема друге, и забранити.

– Да, да. Један мој саветник за штампу има занимљив предлог за те листиће. Каже, укинимо им рото-папир, односно релеје и готови су.

– Папир ће добити из иностранства, прискочиће им светски душебрижници за демократију и слободу штампе.

– И ту има квака: ометаћемо испоруку, наша царина ће применити све писане и неписане прописе. Важно је да прођу избори, а после могу опет да пискарају.

– То можда и није лоше. Тог саветника имај у виду, можда и за место министра за информације. Овај садашњи ми је нешто превише либералан.

– Либералан?! Па он начини покољ медија.

– Ипак посао није обавио до краја, помаљају главу још пар тих „независних".

– Има лека и за њих. Чуј шта је мој саветник још смислио. Онај Студио С – оно „С" им значи као „слободан" – може се вратити под нашу контролу, каже, врло лако. Пронашао цаку, као није баш по закону приватизован.

– То је добро. Тако треба.

– Тако треба.

Тог тренутка Она готово поскочи од радости.

– Јеси ли нешто укапирао, драги?

– Шта, не схватам?

–Тако треба! Тако треба! Па, то је наша парола за изборе!

– Тако треба? Тако треба! – прену се и Он. – Заиста изврсно звучи.

– Тако треба – лепо и ефектно. Дакле, слажеш се, идемо заједно, лева коалиција, лево удружене снаге, против десних и оних који себе називају центром.

– Добро, да идемо заједно, али како поделити мандате, драга? По ком критеријуму, ти на прошлим изборима ниси добила ниједног посланика.

— Тада се на комунисте још гледало попреко. Ми смо сада, како и сам знаш, предузели опсежне акције, развили нечувену пропаганду. Уосталом, сви медији, и радио-телевизија, и новине, сви нас својски подржавају.

— Друге и нема кад си свуда поставила своје људе.

— Немој да цепидлачиш, има и твојих. Уосталом, буди једном прави каваљер.

— Добро, да будем. А колико би ти посланичких места са заједничке листе?

— Како колико? Бар пола.

— Па ти ниси...

— Напротив, читава сам, драги. Твоју партију чини маса, моју елита. Ти имаш гласаче, ја руководеће кадрове.

— Па, наравно, кад си ми покупила све директоре.

— Људи се сами опредељују, виде где им је боље и сигурније. Уосталом, немојмо да се играмо жмурке. И твоји и моји су колико до јуче били једно те исто. Сви смо ми изишли из комунистичког шињела. Нећеш ваљда рећи да ти ниси више комуниста? Да ниси само прерушени, префарбани комуниста?

— Знаш да сам морао... И немој сад да ми набијаш на нос што сам постао социјалиста. Да нисам тако одиграо, сад сигурно не бисмо били овде где јесмо.

— У реду, али се понашај онако какав јеси. Стога, ако смо једно исто, онда није битно одакле узимамо кадрове. Битан је њихов квалитет. Видиш и сам да сви привредни и други руководиоци масовно приступају мојој странци. На ког ћеш се ослонити ако не на њих.

— Све је то у реду, драга, једино не бих волео да се одмах протумачи како ми овде враћамо комунизам.

— Па нека га и враћамо! Ако тако испадне на изборима, дакле легално, нико нам ништа не може приговорити.

Он поново дубоко уздахну. Уморан је, на крају снаге, а Она је упорна као мазга. И увек мора да победи, да све буде по Њеном. Ако сад не прихвати Њен предлог, тераће га до зоре.

– Добро – предаде се Он. У себи додаде: кад се мора, нека и овог пута иду гаће доле. – Уморан сам.

– Кад превише радиш. Обоје гинемо за народ.

10.

Како се приближавао *Дан В* (дан Вођиног доласка), у Домановићграду су све више појачаване мере безбедности. Неки упућенији су, касније, тврдили да су биле нечувене по ригорозности. Притворени су сви иоле сумњиви типови, покупљено све оружје, укључујући и ловачке пушке (после је враћено, али селективно, посебно су пргавијим опозиционарима биле поништаване дозволе), по граду су се размилели агенти, који су мотрили на све живо и покретно. Нарочито су држани под присмотром виђенији опозиционари. Покушај да се опозиција удружи и организује контрамитинг, осујећен је још у заметку. Лично Бобан Зеленовић-Шериф је позивао, па и приводио, на информативни разговор опозиционе прваке, упозоравао их да се главом не шале и нешто зуцкају. Притом им је нудио нешто као џентлменски споразум: кад *Дан В* прође, лично ће се потрудити да се према њима олабаве стеге, и више него што може и сме, али заузврат тражи да за време Његове посете мирују као бубице. Колико су Шерифове претње и понуде имале ефекта, утолико је више неслога опозиционих лидера допринела да Вођин боравак у Домановићграду протекне сасвим мирно.

Додуше, нису се сви показали кооперативним према Шерифу. Понајмање његов брат Бобан Зеленовић, радикалски лидер. Он је био и коловођа у припреми контрамитинга. Да не прља братске руке, Шериф га је препустио свом заменику Мргуду

Маљковићу, званом Маљ (надимак је добио још као позорник, колико од скраћивања презимена, више због шапа којима је ударао као маљем). Крупан, стално намргођен, он је већ и својом појавом утеривао страх.

— Чујем, Зеленовићу, да ти спремаш некакав митинг? – почиње Маљ islеђивање.

— Добро чујеш – узвраћа иронично вуковарски херој.

— Неће моћи.

— Моћи ће.

— Поред мене и твог брата Шерифа?

— Поред вас, и сто таквих.

— Ти знаш ко смо ми, ал' да те подсетим: Државна безбедност, де-бе.

— Заболе ме.

— Море и ће те заболи, па ће кукаш. – Де–бе, ако ниси чуо, значи је–бе. Ми кад уватимо, јебемо до даске. Растурамо да после молиш: „Немој више!"

Утом у канцеларију улази Шериф лично и као изненади се што види брата.

— Шта ћеш ти, брацо, овде? – обраћа му се иронично.

— Питај твога подрепка – узвраћа му осорно млађи брат.

— Па, Маље, оће ли мали да слуша?

— Курчи се – узвраћа заменик.

— А јеси ли му објаснио оно „је–бе"?

— Јесам, али као да не верује.

— А, тако. А ти га онда увери. Ајде, Маље!

Заменик крене према Растку, али је неодлучан, та ипак је Шерифов брат.

— Само ти врши своју дужност – охрабри га шеф. – Нема овде ни браће ни сестара. Ми штитимо државу. Ти слободно...

Заменик Маљ је само једном замахнуо и приведени се нашао као проштац на поду. Дошао је себи тек кад су га полили водом. Онда је погледао брата са зверском мржњом.

– Кад ми дођемо на власт, прво тебе ће стрељамо!

– Кад на врби роди... Нећеш ти ни да примиришеш власт док сам ја жив! – узврати му брат Шериф. Затим се обрати свом заменику: – Води га у апс и не пуштај док не прође... Нађи разлог за притвор: пијанка, туча, саобраћајка, незаконито поседовање оружја...

Кад је њихова мајка чула да је брат брата стрпао у затвор, кажу да је само рекла: „Јездини синови, ће се потепају за влас".

11.

Због *Дана В*, и Домановићградски аеродром добио је нагло на значају. С њим и мајор Облак Секулић, заповедник Аеродрома. Све дотле – цивилни, па војни, па онда војни у цивилној употреби – статус му је стално остајао недефинисан. Зато је и мајор био принуђен да се бави свим и свачим. Заправо, нешто морао, нешто чинио по својој вољи, као што је учинио на пример са уступањем хангара градоначелнику за складиштење петрола и цигарета. Постепено, мајор се саживео са својом новом улогом, утолико пре што му је омогућавала лепе приходе, од којих је могао да живи лагодно, чак и раскалашно. Он је и сам прихватао да се мало откачио, нарочито у часовима јутарњих мамурлука, кад се присећао шта је све брљао прошле ноћи у кафани. Али је брзо и налазио оправдање за те своје поступке – јер му се и живот откачио. Све је пропало: и држава којој се као официр заклео, и пилотска каријера, и породица. Од остатка живота зато може да чини шта хоће.

Е, али чим му је из Команде стигло наређење да припреми Аеродром за Његово слетање, судбина Облака Секулића намах се преокренула. Сад је почео поново да се осећа не као бивши, већ као прави официр, и то на важном пункту, и на озбиљном задатку. И већ данима њега нема по кафанама, не теревенчи, све мање има времена и за своје пријатељице, па су се оне, свака за себе, забринуле да их је мајор отписао.

Пошто одавно није било војних задатака, мајор је закључио да му се вод улењио, војска распојасала. Како би стање довео у ред, вратио је у примену строге војне прописе. Све је почело да се одвија по сатници, од раног буђења, до касног повечерја. Редовна јутарња гимнастика, смотра (колико само казни „пожарне" због откинутих или само откопчаних дугмади!), бријање „три милиметра испод коже"; па стројеви кораци и трчање под пуном опремом ради кондиције; па чишћење... Шта се све није чистило: од оружја до писте! Шта има да се чисти на писти? – неко ће запитати. Има, и те како. Најпре, морале су бити ископане и уклоњене све травчице, пометен сав песак и прашина. Па освежавање исцртаних ознака на авионском паркингу испред пристанишне зграде. А о самој згради да се и не говори: ту се од јутра до сутра брискало и лицкало.

Војници су пропиштали проклињући мајора као најцрњег ђавола. Шта му би те се толико промени, сем ако није пошандрцао. Али, ни мајор није био задовољан својим водом. Најмање оним како му изгледа постројен као почасни одред. По сто пута контролише, размешта војнике, проверава одећу, опомиње стално да се стомак увуче...

Све то некако и да се прогледа кроз прсте, али рапорт! Сама помисао да он треба Њему да поднесе рапорт испред почасног одреда, просто га је излуђивала. Стога се својски дао на увежбавање рапорта замишљеном Вођи. И то пред својим потчињенима! Ако су икако могли да му се освете, сад је била прилика. Као да им је сам ђаво, у лику мајора, пружио ту прилику. Јер, чим би мајор кренуо стројевим кораком ка замишљеном Вођи, почео би да се заноси као да иде по леду, па је код војника изазивао пригушен смех. Смејуљили су се онолико гласно колико да не „зараде" казну, мајорову уобичајену „три круга око Аеродрома", а опет довољно да га не поштеде изражавања свог задовољства. Мајор је опомињао: „Тишина у строју!", али никакве вајде од тога. Није било друге, морао је да одустане од увежбавања рапорта пред водом. Преостала му је канцеларија. Како ту није било довољно простора за дуже извођење стројевог корака, Секулић је марширао у месту. А онда би стао, салутирао и громогласно извикивао како је одред постројен у Његову част и како рапортира мајор Секулић. Ништа тешко, рекло би се, тек једна реченица. Е, кад би се та реченица изговорила пред неким обичним. Али хајде је изговори пред Вођом и остани прибран! Невоља је у томе што се мајор толико уживљавао у своју улогу да је већ и изван своје уобразиље, готово стварно, пред собом видео онога коме рапортира. И ту није било помоћи. Покушао је да ствар ублажи, па је на Његово место стављао вешалицу за одећу са три рога на врху, али мајорова имагинација је била тако јака да је и вешалицу аутоматски претварала у Вођу.

То што се мајор Секулић затварао у своју канцеларију да вежба рапортирање могло га је заштити само од ока његових потчињених, али не и од уха. Он се толико драо да су војници и нехотице могли чути и разазнати шта он тамо ради. И већ су почели да понављају између себе оно што мајор говори. Те једном је рекао: „Вод је спреман за Ваше почашћење", те други пут: „Ви сте спремни за нашу почаст", па онда у завршном делу унапређује себе: „Рапортира генерал Секулић", да би се након тога, због те дрскости, сам деградирао: „Рапортира водник Секулић"...

Тако је изгледао мајоров егзерцир у верзији његових потчињених. Но толико труда и мука, а испашће ни за шта. Многи од оних који су били очевици догађаја тврде како Он није ни удостојио мајоров „почасни одред" својим обиласком! Притом објашњавају да се напросто увредио кад није видео постројен батаљон већ вод, и то преполовљен. Како је и зашто био преполовљен, то је оно што је коштало главе мајора Секулића.

Јер због гафа на аеродрому *Домановићград,* неко је морао да одговара. Исправа се помињала глава неког генерала. Тражена је одговорност зашто није послат батаљон, пук, па и читава дивизија – зашто не? – да обезбеђује Аеродром у време Његовог слетања? Да бар буде довољно војника како би се образовао одговарајући строј у Његову част. Из Генералштаба су покушали да ублаже пропуст пребацивањем одговорности на МУП, будући да им је отуда речено да ће он држати све под контролом и да они, тј. Војска, немају потребе да се мешају. Војни генерали узели су ово здраво-за-готово, будући да су знали да је Њему МУП милији од Војске. (Ово око наклоности, наравно, није званично презентовано, задржано је само као усмено мишљење генерала.) Али без жртвеног јарца ипак није могло да се прође. Помињани генерал се провукао кроз иглене уши (показало се не задуго, приликом следећег указа о пензионисању официра, нашао се први на списку), али је зато мајор Секулић платио цех. Нашли су му као недопустиву грешку што није постројио цео вод (мајор је део људства одвојио да чува Аеродром, мислећи, сиромах, да је обезбеђење важније од церемонијала), чиме је почасну јединицу начинио смешно малом. Чак је помињан и војни суд због таквог изругивања Вођи.

Како је и где завршио мајор Облак Секулић, постоје разне верзије. Према једној, одмах је послат на фронт у Босну, где је на неком тајном задатку, иако је летео ниско, оборен од стране авиона НАТО-а, који су добили мандат ОУН да контролишу босанско небо. Мајор се није спасао. Према другој верзији, схвативши да ће надрљати, мајор Секулић је успео да издејствује демобилизацију (Команда је прихватила како би се случај заташкао), да би се после неког времена обрео као пилот у некој цивилној компанији – да ли у Алжиру, Либији, на Малти или

Кипру... Трећа верзија говори да је мајор побегао чак у Аустралију. Како је имао добру уштеђевину (постоје само нагађања одакле му), покренуо је тамо успешан бизнис и брзо се обогатио. Шта је од тога тачно, нико поуздано не зна. У сваком случају, мајор Облак Секулић нестао је без трага.

Но, да се вратимо у време наше приче. Будући да је мајор веома озбиљно схватио свој задатак обезбеђивања Аеродрома у време Његовог слетања, био је наумио и да испразни хангар од нафте и цигарета и откаже даљу сарадњу градоначелнику Пришевићу. Овај се нашао у чуду, није могао да верује да је мајор Секулић, дотле његов потрчко, кога је могао да купи за шаку долара, у стању да предузме тако радикалан потез. Одмах је позвао Звездану, јер у крајњој линији посао око нафте и цигарета је заједнички, и она је брже-боље долетела на Аеродром. Ту је већ био Златан, па је тројни самит могао да почне. Зведана је употребила све своје адуте, од женског шарма до положаја министарке, како би уверила истраумираног мајора да нема потребе да се у њиховом заједничком послу ишта мења. Једино што мајор треба да уради, јесте да му на *Дан В* Аеродром изгледа чист – хангар лепо затворен, дилери удаљени – и ништа више. Мајоров карактер је намах био поколебан, тек је додао да ће бити много полиције, већ је и сада има, па да неко од њих ипак не завири у хангар...

– Нема шта тамо да завирују – уверавала га је Звездана. – Уосталом, и полиција је наша, та један Зеленовић је на њеном челу. Као ни ви, мајоре, ни они нису гадљиви на плаве коверте.

– Добро, Шериф, али они из Републичког... – задржавао је мајор резерве страха.

– Те оставите мени, мој Језда с њиховим шефом стоји овако – Звездана притом укопча два своја кажипрста. А онда се насмеја, због опуштања: – Уосталом, драги мој мајоре, од вас, као официра, очекујемо мало више храбрости.

Онда је и Златан изнео убедљив, и опипљив, аргумент – пружио је мајору коверту.

– Ово је додатак због отежаних услова.

Мајорова рука, већ добрано издресирана да сама реагује на такав изазов, већ је полетела према коверти. Касније, кад је остао сам, мајор је упућивао себи разноразна шкакљива питања, продужавао недоумицу, али од закаснеле памети никакве користи.

12.

Твртко Сератлић се два дана пред Његов долазак напрасно разболео и завршио у Градској болници. Одмах се проширила вест: прединфарктно стање. Многи су га сажаљевали, истрошио се човек у борби за истину. Ту вест су, како и приличи, објавила и његова гласила. После тога и Твртко се осећао много боље у болници.

Истини за вољу, он и није био нешто уздрман. Критичног дана, негде око поднева, њему је срце узлупало, па су позвали хитну помоћ. Дојурила млада лекарка у његов кабинет, прегледала га врло савесно. Учинило јој се да нема никакве опасности за живот пацијента, али је директор, будући важна личност, за сваки случај превезан у Болницу ради детаљнијег испитивања. Ту су се изређали специјалисти, да би конзилијум лекара закључио да препусти самом пацијенту хоће ли још мало да остане ради праћења његовог стања, будући да новинари спадају у најризичније категорије... Твртку се остајало. Уплашио се задатка који га очекује – праћење Вођиног боравка у Домановићграду. Шта ако омане, погреши? Не да ће каријеру завршити у престоници, него на улици. Ако не и у затвору. Лично Шериф ће му закачити лисице, говорећи: „Тако ти о нашем Вођи! Због ове саботаже, мали је за тебе и бивши Голи оток." Зато, уместо да ризикује, може да се склони у болницу док прође ураган. А кад све прође, биће у позицији да први критикује пропусте:

ето, само пар дана је одсутан, због више силе, а они успели да начине толико грешака... Критиковаће и у колективу, и на састанцима СССа и ЛУЈ-а, где ће се, нема сумње, претресати како је протекао Вођин боравак.

Таква је била Твртковa рачуница. Али, човек се неретко превари у рачуну. Кад је прохујала Његова посета, међу остацима који су лелујали иза ње, Твртко је могао да види и решење којим је постављен за министра информација! Наиме, из поузданих извора сазнаће да се Вођа распитивао за новинарског аса Твртка Сератлића. Као, на препоруку своје супруге, која је, приликом своје недавне посете запазила његове, Твртковe квалитете, Он је био спреман да га постави за министра! Штавише, да га одмах и поведе са собом, у специјалном авиону...

Кад је вест доспела до Твртка Сертлића, тек тада је могао да га стерефи прави инфаркт. Ето, човеку се најзад укаже прилика коју очекује, сања читавог живота и, уместо да је ту и одмах је зграби, он бере крушке. Да иронија буде већа, за министра је колико сутрадан постављен неки мали и сиромашни новинар, неки Тиранић, или баш Сиротић.

13.

Ваш приповедач поодавно оштри перо како би могао што достојније да опише посету легендарног Вође митском месту ове хронике. Нажалост, иако се каже да је списатељство од Бога, ни приповедачу срећа није увек наклоњена. Вођа се, наиме, врло кратко задржао у Домановићграду. Кад се све сабере – од слетања на Аеродром до полетања – укупно три сата. А колико је само помпезно најављиван, с коликом надом очекиван! Данима и данима. Град је у Његову част очишћен, умивен, окречен и офарбан – углавном они делови којима ће Он проћи. Поред већ поносите Беле палате, заблистао је и нови хотел

Алем, тик уз реку Муљу (за њено уређење и улепшавање и овога пута није претекло пара), који су градоначелник Златан и министарка Звездана завршили по убрзаном темпу под мотивацијом да се створи достојан смештај за Вођу. (Он, међутим, није ни примирисао хотел, тек је бацио летимичан поглед на њега из лимузине кад су му га показивали). На сва та улепшавања и изградњу отишао је сав новац из прве државне транше намењене обнови Рудника и фабрике *Алем*, али домановићградско руководство било је презадовољно делом својих руку; та град је личио на прави Потемкин.

Не само град, него су се и људи преподобили. Многи данима нису спавали све мислећи како ће се срести с Њим. Поједини су читаву своју будућност, сав свој живот, везали за ову посету. А било је сијасет лепих планова и рачуница... Видели смо у претходном одељку како је једна завршила. Нећемо рећи да су тако прошла и сва друга очекивања. Не, не, било је и оних која су се остварила. Тако, на пример, неколико каријера убрзо је узнапредовало чак до престонице. Вођа понекад зна да буде великодушан према најоданијим и најревноснијим у заступању Његовог програма. А остали? Па не може се све постићи. Остали Домановићграђани, многобројни знани и незнани, мораће да сачекају неку другу прилику; можда Његову поновну посету, или неког другог вође...

Није се Вођа дуже задржао у Домановићграду, према званичној информацији, због тога што је имао преча државничка посла. Из Њему блиских кругова, међутим, процурило је како је Он одмерио да је довољно и пар сати за ово мало место. Уосталом, коментарисали су ти извори, Њему је до Домановићграда стало као до лањског снега, да није одлучио да баш ту пласира неке своје идеје. Погодовао је, стицајем околности, амбијент. Просто се тако наместило. Иначе, Он је свој говор могао да одржи на сваком другом месту, чак не би морао да напушта престоницу, јер где је Он, ту су и радио, и телевизија, и новине. Није баш претерано заљубљен у блиске сусрете са својим поданицима. Зато, кад се обраћа Домановићграђанима, Чачанима, Алибунарцима, Он у ствари општи с масовним медијима. Толико их воли да их је везао за себе као љубоморни муж лепу жену, не дозвољавајући да јој приђе иједан други конкурент.

На Аеродрому, где су га са зебњом дочекали општински руководиоци и челници Његове и Њене партије, Вођа се са својом престоничком свитом задржао тек толико да удовољи фоторепортерима и камерманима, заљубљеним у његову фотогеничност. Одмах потом је захтевао да се иде на одредиште. Оно с *почасним водом* била је само узгредна епизода. Пошто му је шеф протокола показао на постројене војнике, Он је закорачио у том правцу, али се убрзо окренуо и оштрим погледом пресекао све који су му се нашли у видокругу. „Каква је ово зајебанција?" процедио је, кажу очевици, кроз зубе. А можда и није изговорио баш те погрдне речи, можда се онима око Њега тако причуло од страха... Ко ће га знати, тек се још прича како је Вођа додао: „Нећу ни да трошим ђонове пред петорицом." Свакако је било више од пет постројених војника, можда петнаестак, и који више, али чему установљавати тачност кад бројке у овом случају не играју никакву улогу, битно је само оно што је констатовао сам Вођа.

Онда су Га повели према црним лимузинама, постројеним уз пристанишну зграду попут почасне чете, којих је, истини за вољу, било много више него војника у малопређашњем строју. Чим се Он сместио у трећу по реду лимузину, цела свита, и они који су допутовали с Њим, и они који су га дочекали, у трен ока извршила је инвазију на „превозне објекте". На крају испаде да за све ипак нема места, а кладио би се човек да уз оноликикараван аутомобила може неки и да претекне. Прекобројни су сагли главе, прошли кроз аеродромску зграду и потражили на паркингу нека скромнија превозна средства, као што су аутобуси, комбији или обичне лимузине.

У част прве (ко зна, можда и последње) посете којом га је удостојио Вођа, Домановићград се потрудио да испољи сву ширину љубави према Њему. Као да је државни празник, тога дана нису радила ни предузећа, ни школе, ни многе друге установе и службе (осим, наравно, установе СУП и ДБ). Радници и ђаци су организовано запосели све банкине дуж пута Аеродром–град и све тротоаре улица којима ће Он проћи како би му изразили спонатану добродошлицу. Али у тој свеопштој еуфорији, нашла би се и понека задригала да критикују што су предузећа и школе прекинули с радом само због једне манифестације! Њима, и свима који слично мисле, узвраћено је с надлежног места да излазак радника из погона неће имати никакве последице по производњу јер се и овако у њима већ пар година ништа не ради, наравно, због санкција, а што се тиче ученика, за њих сусрет с Вођом представља „отворени школски час из патриотизма и слободарства".

Вођа је био у затвореној лимузини с тамним стаклима, па Њега нико није могао да види, али је зато Он све видео. Посматрајући постројени народ дуж пута којим су га возили, Он је високо издигао браду и нос и блажено се осмехивао. Нарочито су га ганули пионири са црвеним марамама око врата док му машу заставицама. Није могао а да се не сети како је и Он, као пионир, исто тако стајао дуж улице у свом граду и исто тако махао заставицом тадашњем вођи. Могло би се помислити да тада малени провинцијски дечкић није ни могао сањати како ће доживети да се сам нађе на месту онога коме машу, али то не би било тачно. Управо у тим и таквим моментима у Њему се зачела жеља да досегне сам врх, и више ништа није могло да стане на пут њеном испуњењу.

Намеравали су да га одведу у Белу палату како би се подичили својом лепотицом, па потом и на свечано отварање хотела *Алем*, где је планиран мали коктел, али је Он одсечно махнуо руком. И конвој црних лимузина наставио је према крајњем одредишту.

14.

Митинг је био планиран на платоу испред Фабрике накита *Алем*. Ту се од раног јутра пресељавао готово цео Домановићград, и старо и младо. Нису изостали ни Ђора и Спира, већ познати нам пензионери. Пошто је дошао по наговору свог пајташа, Спира, старо гунђало, стално је нешто приговарао и богорадио. Те нагазили га, те мунули лактом, те пије му се вода, те га пече простата од мокраће... Ђора га храбри да издржи, повремено и грди – понаша се као беба, сад би и цуцлу...

– Зашто смо дошли, да те лепо питам? – наставља Спира.

– Да видимо Вођу, проста ствар – тумачи му Ђора. – Можда последњи пут, та̏ стари смо људи.

– Па јес, кад одемо код Светог Петра, ће нас пита за Њега, а ми неће знамо ништа да му испричамо ако га сад не видимо – Спира покушава да буде циник.

– Ће те пита, него шта! – нервира се Ђора. – Па, мајка му стара, ти као да не видиш колико је Он заслужан.

– Знам, како да не знам – тера своје Спира. – Без Њега не би имали ништа и не би било ништа.

– Е, баш тако.

– Он даје и леб и воду.

– Па да видиш, и даје.

– Он све даје, а народ крушке бере. Без Њега ни слобода, ни мир, ни држава, па ни сам народ не би постојао!

– Да видиш, и не би постојао.

– Ко ли те у то увери, црни Ђоро?!

– Нико мене не може у ништо да увери, црни Спиро – љутну се Ђора. – Читај новине, слушај радио, гледај телевизију – па и теби ће буде јасно.

– И ти им верујеш?!

– А што да им не верујем, па то су наше новине и наши радио и телевизија, а не непријатељски.

– О, во имја Оца – прекрсти се Спира. – Спаси, Боже, заблудне и нишче.

У тај час се зачу „стиже" и маса се нагло усталаса као поље пшенице у старом совјетском филму. У том таласу се два пензионера зачас утопише. Али кордон момака у плавим и маскирним униформама није попустио пред налетом тог вала. Свим силама је настојао, и успевао, да држи масу на прописном растојању од Њега. Јер народ ко народ, желео би да буде што ближе Вођи, па ако може и да га додирне, помилује. Његови чувари, међутим, добро знају да је Он присталица само љубави на дистанци. Држао је чак и да су пречеста руковања нехигијенска.

Па ипак, неколицина ревноснијих митингаша налете на полицијске палице, а понеки се нађоше и под ногама снажних чувара реда.

– Али Он је рекао: „Нико не сме да вас бије!" – цитирао је Вођу један од њих.

– Ти ће ми кажеш шта је рекао! – ражести се униформисани момак над њим, па га још јаче клоцну.

Ту и тамо нашло се још сличних несташлука, али су добро обучени и упућени редари на крају све довели у ред и мир.

15.

Док се пењао на импровизовану трибину, као да је зачуо неку злосутну шкрипу дасака под ногама. Да ови Домановићеви потомци, склони ујдурмама, не покушавају да се нашале и с Њим, као што се то једном догодило, на сличном митингу, с њиховим првоборцем Вељом Мајсторовићем? Пре поласка у Домановићград, специјални саветник за Југ детаљно га је упутио у све што би могао да очекује у овом крају, да би му, као илустрацију, испричао анегдоту о томе како се дотични Веља провео: Домановићграђани направили такву трибину да се она одмах срушила чим је Веља крочио на њу, сиромах се нашао испод гомиле телеса, сломио ногу и једва извукао живу главу... Због тога је Он строго упозорио да се посебна пажња обрати на трибину, сто пута провери, јер није Он Домановићграђанин као тај Веља па да прихвата њихове „шале". Упозоравао, а ево, нешто шкрипи! Како онда да Га не бије глас да је стално намргођен, кад човек увек мора бити на опрезу, кад ни у кога не може имати поверења!

Помислио је да се врати и нареди још једну проверу стабилности трибине, али је одустао. Журило му се. Желео је да што пре обави посао и изгуби се из овог непоузданог и негостољубивог места. И Он, опрезним кораком, као по јајима, крену по даскама које су безочно шкрипуцкале и стаде тик уз букет микрофона. Онда подиже високо браду, нос и поглед. Био је спреман, али је почетак говора још мало одложио како би га се фоторепортери сити насликали, а народ му се нарадовао и напљескао. Потом погледа лево, десно, па покретом очију начини швенк по окупљеној маси под собом. Кад затим диже десну руку, народ се стиша, заустави дах и претвори у уво. И у поглед упиљен у Вођу. Јужњаци су познати по љубави према вођама.

Пошто још више подиже браду, нос и поглед, Он проговори. Наглашавао је сваку реч, јер свему што изговара хтео је да прида епохални значај.

– Поштовани грађани Домановићграда и читаве Јужне Србије!

Угњетаван још читав век дуже под Турцима него његова браћа северније, народ Јужне Србије срећан је и кад му се неко обрати с „добро јутро", а камоли да га ослови с „поштовани". Отуда овације „живео" лете до неба. Тамо нигде ни орла, ни које друге птичице, али се зато земним људима чинило, од радости, да су добили крила и да ће моћи такорећи одмах полетети.

– Дозволите ми...

Овације се не стишавају. „Срби су веома запаљив народ", огласио се са лица места неки репортер на неком европском радио-таласу.

– Дозволите ми да изразим велико задовољство што се налазим у вашој средини...

Овације... Не, не, својим упадицама више нећемо прекидати ток Вођиног говора, који и ви, драги читаоци, свакако с великим нестрпљењем очекујете да чујете. Зато, не стај, записуј, перо моје!

– Дозволите ми да изразим велико задовољство што се налазим у вашој средини и што могу да присуствујем овом величанственом историјском догађају, значајном не само за овај крај, него и за читаву Србију и Југославију. Нема сумње, ово је епохални догађај који ће бити уписан златним, штавише, дијамантским словима на мапи света! Треба ли посебно истаћи да сте ви својим самопрегорним залагањем, својим стваралачким радом, обезбедили себи, својој деци и многим генерацијама иза вас велику и светлу будућност. Ви сте тако дали свој немерљив допринос нашој заједници и доказали да је наш народ најјачи управо кад му је најтеже. Треба ли посебно истаћи да је међународна заједница нашој земљи и нашем народу наметнула неправедне и ничим изазване санкције. Али Ми нећемо поклекнути и никога молити да нам их скине. Ви сте показали колико сте у стању да гладујете само да се Ми не бисмо сагињали ни пред ким. И Ми у ваше име обећавамо да се нећемо сагињати док у вама има и мало душе. Али, од данас те и такве жртве више неће бити потребне јер Ми сада и овде показујемо снагу наше земље, и нашег народа, отварањем овог гиганта. Ви знате да смо Ми недавно присуствовали и отварању огромног нафтоносног поља. Нема сумње да земља која има нафту и дијамант може омогућити да њен Вођа стоји пред међународном јавношћу уздигнуте главе. Има ли веће среће од тога за један народ?

Говор је више пута прекидан аплаузима, да би сада најјачим овацијама народ потврдио Вођину квалификацију о својој срећи. Но, Вођа је наставио:

– Што се тиче тих неправедних и ничим изазваних санкција, несумњиво да су оне, мада штетне, у суштини веома корисне за нас, за наш укупни привредни и друштвени живот. Јер оне су нас ојачале у борби за голи живот, натерале да збијемо редове око нашег руководства и постанемо јединствени и једномислећи. У то име, Ми поздрављамо санкције.

Наша мирољубива политика, која је без сумње свима позната, довела је до победе наших принципа. У то име Ми смо се свим силама залагали да очувамо заједницу југословенских народа, чак лично били спремни да се прихватимо улоге новог ујединитеља. Пошто Нас сепаратисти нису разумели, покушали смо свим расположивим снагама да их уверимо у исправност Нашег става. Да ли да вас подсећам шта смо чинили у Книну, па у Словенији и Славонији, и најзад у Босни? Круна те наше принципијелне и мирољубиве политике био је Вуковар, тај симбол наше тежње ка заједничком, братском животу.

Последње речи пропратио је силан аплауз. Један манифестант испод трибине узвикну: „Брат је мио које вере био!" И он би награђен пристојним аплаузом. Али, Вођа је имао још штошта да каже:

– Вама је такође познато Наше залагање да сви Срби живе у једној држави. И ви сте сведоци да смо Ми ту идеју доследно остварили. Последњи догађаји су несумњиво потврдили да то нису била празна обећања. Колоне, реке Срба из Западне Славоније, Книнске крајине, Босне, одасвуд, слиле су се у матицу Србију како бисмо овде сви скупа били заједно и живели у једној држави!

Овде је Вођин глас први пут задрхтао, малтене да ће заплакати од среће. Пошто то одмах осети, не штедећи дланове и грла, публика га снажно подржа и охрабри.

– Социјализам је на овим нашим просторима доказао да је најпрогресивнија, и без алтернативе, политичка опција – прешао је Вођа на нову тему. – Доказ томе је ова наша свечаност, јер се овакви гигантски подухвати могу остварити само у друштву које зна како се отварају велике и светле перспективе. Има ли веће демократије од тога? С нама нема неизвесности! Упитајте оне назови демократе шта вам они нуде, какву перспективу, могу ли они да пронађу нешто вредније и светлије од нафте и дијаманата? Нека се зато не заваравају да ће нас победити на следећим изборима. То им неће поћи за руком ни за сто година! То им неће успети све док Ми будемо живи! То им Ми обећавамо, а све што Ми обећамо, то и испунимо!

У то име, ја вас све поздрављам: живели!

Одушевљени поданици дуго су клицали Вођи „Живео", а он је пре но што ће сићи с трибине, још довикнуо у микрофоне:

– А сада, сви на своје задатке!

16.

Након говора, Вођа је требало да пресече врпцу испред хале и тако свечано отвори *Алем*, али се Он обрати министру Јездимиру Зеленовићу:

– Ајде ти.

Језда се збуни, ушепртља. Пошто су му већ потурили послужавник с маказама, на једвите јаде је некако пресекао пантљику. Телевизијске камере пратиле су закратко Језду у директном преносу, да би се опет вратиле на Вођу, кога нису испуштале из објектива.

Овај мали протоколарни неспоразум има своје објашњење. Вођа, наиме, воли да присуствује великим свечаним отварањима, али не и да нешто сам отвара. У тим приликама Он је улогу оног који пресеца врпцу или удара камен темељац изједначавао с кумовском на крштењу; шта ако се после детету нешто деси, а кум га држао на церемонији? Он је добро знао да већина привредних гиганата траје колико и сама свечаност, али се ипак запамти кумов лик, односно свечара који пресеца врпцу или удара камен темељац. Остали учесници у тим свечаностима, ма колико били угледни, ипак после могу мирно да оперу руке.

Али ни Језда, будући да се једном опекао с *Алемом*, није био рад да изиграва кума. И то не само из бојазни да ће му се сутра, не крене ли све како ваља, опет изругивати, него и стога што је себе сматрао баксузом. Као и тада, пре двадесетак година, и сада му се негде у подсвести мотала малерозна мисао: „Превелико је ово да би успело".

По сценарију, Вођа је позирао и у хали крај једне младе и наочите брусачице у белом мантилу. И за осталим брусилицама били су распоређени трудбеници у белој одећи, чији су рад камере хватале у тоталу. Сцена је трајала колико да се дочара атмосфера производње накита, па су званице опет поседале у црне лимузине и стуштиле се на Беле стене. И тамо је било подоста света. Очекивали су да се Вођа и њима обрати, али Он више није желео да троши речи. Дошао је ту тек толико да камере и фотоапарати забележе Његов обилазак и рудника дијаманата како би се свету показало какав је тај белостенски камен.

Камермани и режисери, како се одмах показало, обавили су задатак на високом професионалном нивоу. Те вечери, на ударним информативним програмима свих престоничких канала, Беле стене су деловале веома импресивно. Ухваћене у одсјају сунца, оне су својим блеском засењивале поглед и остављале загонетну слику о том брду драгог камена. И, усред тог блеска и сјаја, стајао је Његов поносити лик с подигнутоом брадом, носем и погледом. Посебно погледом, који је деловао крајње визионарски.

На крају, кад је већ напуштао Беле стене, телевизијски репортер Јадовић, и иначе Његов верни пратилац на свим путешествијима, прилази Му с микрофоном. Вођа ће, одлучно, у камеру:

– С оволиким благом, Ми се више никоме нећемо сагињати! Још ће Нас молити...

Остало је намерно недоречено ко ће све и зашто молити, и да ли ће евентуално молба бити услишена.

Али у том часу, на небо горе, долетео је раскриљени орао, начинио неколико кругова, па се опет изгубио. Многи су га приметили и питали се шта сад предсказује.

17.

Све светске агенције пренеле су говор српског вође у Домановићграду, стављајући акценат на Његову „осионост и претњу међународној заједници са позиције самозване регионалне економске и војне силе". У извештајима се провлачи сугестија да се „према Београду предузму још оштрије мере како би престао са својим дрским изазовима новом светском поретку". Отварање „рудника дијаманата" (свуда само под наводницима) помињано је тек узгредно, и то с нескривеном иронијом.

Један лист је искочио из овог клишеа. Ни по јада, кад то не би био угледни *Њујорк пост*. У подужем тексту, и то на првој страни, не само да је одударао од писања свих осталих гласила, већ и од свог дотадашњег става према Београду и српском Вођи. Текст је насловљен *Партнер по мери САД* и у њему не само да се не критикује „српска осионост", већ се подстиче! У светлу отварања рудника дијаманата (без икаквих наводника!), лист истиче да је Србија економски веома јака јер, осим дијаманата, поседује нафтоносне изворе. Али, „значајније од тога јесте то што су Срби народ по мери Америке: одважни и храбри, спремни да бране своје ставове не презајући ни пред ким, па ни пред

САД, што само може да нам импонује". И уместо да се окрене једном таквом народу и прихвати га као регионалног партнера, „САД кооперира с Кроатима и Муслиманима, који се заједно могу купити за по луле дувана, али који, заједно, не вреде ни толико јер су улизице и превртљивци". Срби су, пак, у свему супротни: „Кад њих поведе њихов Вођа, они ће за њим и у воду и у ватру, па ако треба и у бунар, али неће узмаћи ни педаљ". Описујући тако Србе, аутор чланка закључује да управо „Америци треба такав партнер, који ће за њене интересе у воду, ватру и бунар". Нису ли стога – запитао се аутор чланка – САД на Балкану изабрале погрешне партнере, а „одбациле економски, војно и морално јак народ, који себе с правом назива небеским"?

Откуд такав преокрет у *Њујорк посту?* Текст је потписао Брус Сталоне, нови *Постов* дописник са Балкана. Био је то заправо његов први извештај на новом задатку, послат из Београда, где се затекао у време домановићградске манифестације. Пре тога је обишао Загреб и Сарајево у потрази за атрактивном темом којом ће обележити свој деби. Оно што му се тамо нудило, његове новине су већ добрано исцедиле преко свог претходног дописника, Гарија Вејна, који је за своје репортаже из Босне недавно добио престижну Пулицерову награду. Нормално, за Вејна су Срби били рђави момци. Настави ли тако, Брус би себе свео на обичног епигона и његови написи не само да неће примирисати Пулицеру, него ће их и уредници пуштати тек да би се „покрила" Босна, а читаоци прескакати јер су све то већ „прочитали".

Док је пратио телевизијски пренос из Домановићграда уз помоћ београдског колеге, Брус Сталоне је постепено откривао тему која ће га, буде ли прихваћена у Редакцији, одмах лансирати у орбиту америчког и светског новинарства. У супротном, мораће да спакује кофере и да се врати на почетак – да јури по Њујорку градске вести. Вагао је, и одлучио да загризе. Уверавао је себе да има у рукама ваљане адуте: дијамант и нафту, с једне, те Србе као смеле и поуздане момке, с друге стране. И, ризик му се више него исплатио.

18.

Председник Вил Шрафтон, који се одмарао на свом имању негде у Калифорнији, тог је јутра, уз кафицу на тераси своје виле, прелиставо дневну штампу. Преко наслова *Партнер по мери САД* прелетео је летимично помисливши да се, као и обично, ради о Кроатима или Муслиманима, које много и није разликовао. Не прође ни пет минута, кад ли дотрчи Милери и усплахирено га упита да ли је прочитао чланак на насловној страни *Поста*. Још не узимајући женину узрујаност озбиљно, Вил одмахну главом, као видео је, ништа посебно.

– Вили, прочитај! – Милери је готово наредила.

Да покаже како се није уплашио њеног тона, Вил прели своје дечачко лице осмехом и поче да чита текст *Партнер по мери САД*. Већ после прве реченице примети да његов тон одудара од ранијих *Постових* извештаја са Балкана. Још више се уозбиљи кад схвати да се извештач залаже за Србе као партнере САД! Био је шокиран ставом да су Срби добри момци и да су САД погрешиле кад се нису приклониле Србима. Дакле, отворена критика његове политике! Ајде да је чланкописац трабуњао произвољно, али он потеже нимало безазлене аргументе – дијамант и нафту.

Вил љутито баци новине на мермерне плочице терасе.

– Шта је ово?! – узвикну очајно.

– Ја сам ти, дарлинг, не једном говорила да си се окружио неспособним сарадницима – истеривала је своје Милери. – Зато и не знамо шта се стварно догађа на том брдовитом Балкану. И све ти ово приређују сада кад се захуктава предизборна кампања.

– Не налазиш ли, дарлинг, да је то можда републиканско масло и да је *Њујорк пост* дебело потплаћен?

– Како је да је, Вили, дебело су ти сместили.

– Нисам паметан шта да урадим...

– Ништа, враћамо се сместа у Белу кућу – одлучи уместо њега Милери.

19.

Тог дана, увече, заседа Савет за националну безбедност у Белој кући.

– Они Срби су нам опет запржили чорбу! – виче председник Шрафтон на своје сараднике. – Не знам само ко ме је све саветовао да према њима заузмем чврст став и да им уведем неправедне и ничим изазване санкције! Сад ће се амерички народ окренути против мене и – збогом Бела кућо! И сви ви са мном, не бојте се, нећу потонути само ја.

Сви саветници ником поникоше. Осмели се државни секретар Барен Крстотел:

– Извини, Виле... господине Председниче, сместа ћу наредити амбасади у Београду и ЦИА-и да ме колико сутра рано известе шта се тамо дешава.

– Касно, Барене! – не стишава љутњу Председник ни према свом првом сараднику.

Тада један од млађих саветника подиже два прста. Председник га једва примети.

– Ти, мали, као да имаш спасоносну идеју! – обрати му се подсмешљиво.

– Па, господине Председниче – замуца млађани саветник – можда би био излаз у промени става, мислим према Београду.

Није завршио јер су се сви око њега нарогушили. Државни секретар се чак и наљути на такву јерес једног чиновника Беле куће, па га строго укори.

– Чекај, Барене, ниједну идеју нећемо априори одбацити. Кад је већ пукао, Председник више није хтео да буде обазрив ни према Крстотелу. Уосталом, мислио је, баш његова спољна политика довела је довде. – Шта си мислио под променом става према Београду? – обрати се млађаном саветнику.

– Па, управо то, господине Председниче, можда би сада требало сасвим изменити однос према Београду – охрабрен пажњом Председника, сад је почео да везе млади саветник. – Хоћу да кажем, ако су ти Срби најјачи на Балкану, па још имају дијамант и нафту, зашто их не бисмо придобили за нашу ствар. Све се може извести једним Вашим потезом, једном Вашом одлуком о скидању санкција...

Предлог младог саветника готово преобрази дотле полумртвог Председника. Он живну, ободри се, подиже главу, па му се чак врати и онај његов дечарачки осмех.

– Амерички председник може себи да дозволи луксуз да покретом малог прста промени политику према било коме – додавао је гас млади саветник, видно подстакнут Председниковим осмехом. – Амерички народ, уз помоћ наших медија, који треба да почну да третирају Србе као добре момке, лако ће прихватити такву Вашу промену курса. То ће Вам обезбедити реизбор.

Већ охрабрен добрим изгледима да на предстојећим изборима потуче противничког кандидата, Шрафтон поврати пољуљани победнички морал и више није личио на залуталог дечарца у великој Белој кући.

– Одлучио сам! – узвикну он.

– Шта сте то одлучили, господине Председниче? – бојажљиво упита државни секретар Крстотел. Већ је помислио да је Председник одлучио да га жртвује како би безболније променио политички курс према Београду. У себи је псовао те проклете Србе. Они стално изводе неке пучеве: у Првом светском рату – Сарајевски атентат, у Другом – Мартовски преврат у брк Хитлеру, сада – Демон...

градски (како ли се зове то проклето место) пуч против најмоћније силе савременог света, САД. А кад се Председник обрати равно њему, Крстотелу се ноге намах одсекоше. Ипак, страх је био претеран, Председник је имао у виду нешто друго.

— Барене, већ ујутру хоћу да ми издејствујеш посету Београду. Тамо, на лицу места, скинућу им те неправедне санкције и покушаћу да се нагодим са српским Вођом. Инсистирај да ме што пре прими, употреби све своје дипломатско умеће.

И државни секретар, и још неколико других саветника, покушаше да убеде Председника да измени план бар утолико да не иде на ноге маленом српском лидеру, већ да се он позове у Вашингтон и да се ту, засењен снагом САД, придобије за америчку ствар. Председник није хтео да промени одлуку. Више неће да слуша неспособне саветнике, како их је већ окарактерисала Милери.

— Не да ћу својим одласком у Београд показати слабост, већ, напротив, снагу Сједињених Америчких Држава и америчког погледа на свет — декламовао је Шрафтон пред својим сарадницима. — Најзад, хоћу да се сретнем и са тим храбрим српским Вођом, због кога је његов народ спреман да трпи ригорозне санкције, да гладује, па и мре, али кога неће напустити ни за живу главу. Хоћу да сазнам у чему је тајна таквог залуђивања читавог једног народа. То ми је потребно као насушни хлеб сада пред мој реизбор. Хауг, ја сам рекао! — нашали се на крају изигравајући индијанског поглавицу. Повратило му се ведро расположење, па је хтео да разведри и своје утучене сараднике.

20.

Негде после поноћи, док се свлачио у спаваћој соби, на спрату Беле куће, Вил се хвалисао својој Милери:

— Очитао сам им буквицу. Нисам штедео ни Барена.

– Нека си – подржа га супруга, која се и сама свлачила. – Мораш да будеш чврст, дарлинг. Апропо, у вези са твојом одлуком да хитно путујеш у Београд, размишљала сам како да ти помогнем и дошла на изврсну идеју.

– Куд бих ја без тебе, дарлинг. Горим од жеље да чујем шта си то смислила.

Полуразодевена, Милери седе на ивицу пространог кревета до Вила, обрли га руком око врата и, уперивши свој виспрен поглед право у његове сиње очи, поче да му износи своју замисао:

– Ти знаш, дарлинг, да смо ономад разговарали да усвојимо једног дечкића.

– Јес, дарлинг, и након дугог и свестраног разматрања, сложили се да је најбоље да то буде једно Арапче. Тако бисмо још више привукли на нашу страну исламски свет, посебно Арапе, који господаре нафтом и уједно су највећи купци нашег оружја. То ће нам амерички народ итекако знати да узврати приликом мог реизбора.

– Јес, дарлинг, и ја сам се с тим сложила. Идеја је тада заиста била изврсна. Сада верујем да имам још бољу.

– Мислиш, једно Рушче? Да премостимо вишедеценијски јаз са Совјетима, пардон, сада Русима.

– Ни то не би била лоша идеја, Виле, али мој је предлог још радикалнији. Ти се спремаш на пут у Београд...

– Милери, дарлинг, па ти си неуништива са својим идејама! – Вил цмокну женицу у обрашчић. – Укапирао сам. И, као обично кад су у питању твоји предлози, слажем се и сада. То ће бити круна, мала слатка круна помирења с тим Србима!

– Знала сам да ћеш се сложити, дарлинг – цмокну и она њега у буцмасти обрашчић. – Мало слатко Српче! Они имају и једно веома лепо име – Слоба, а то је на нашем Либерти. Убеђена сам да ћеш овим потезом свог будућег пријатеља у Београду сасвим разоружати.

— Да, сад мислим да имам све адуте у рукама и могу мирно да путујем у Београд с добрим изгледима на успех. Милери, дарлинг, дај да те још једном цмокнем.

Она учини и више од тога и нађе му се у крилу. Вил се показа запаљивим мушкарцем, па убрзо поче да лети и преостало перје са њих. Онда се бацише на кревет...

У даље подробности ипак се нећемо упуштати јер је реч о првом брачном пару најмоћније силе на свету.

21.

Историјске преокрете често изазивају и мали, анонимни актери, као што је и онај Шрафтонов млађани саветник, а не само краљеви и државници. (Додуше, жене краљева и председника играју увек главне улоге у резиденцијама, што нам потврђује и претходна епизода.) И тако, од омраженог, Срби су преко ноћи постали омиљени народ. Кад их једна Америка уважава и жели за пријатеље, шта је остало за мање народе и државе?! И ево, државници света већ се утркују ко ће пре да издејствује пријем у Београду. Немац Фол, Британац Пејџер, Француз Китеран, Рус Мељцин, Кинез Денг (не баш он, престар је да путује, па шаље доглавника), па неки Талијан, Шпанац, Јапанац, па Арапи, Азијати, Африканци... Цео свет. Сви одреда, чак ревносније него кад су оно долазили на сахрану лидеру несврстаних, Титу. Онда се говорило како се више никада неће поновити да се толико светских државника окупи на једном месту. Не бар у Београду. Рекло, па порекло. Ево, нови Вођа у Београду окупио и више, и јаче лидере!

Драги читаоче, није Твој приповедач превише пустио на вољу својој машти! То се догодило. Заправо, готово да се догодило. Да је било среће. Да је тако одредио прст судбине. Да је тај прст само малкице погурнуо језичак ваге на праву страну...

Све се преокренуло буквално преко ноћи.

Ујутру, у свом кабинету у Белој кући, Председник Шрафтон опет је био неодлучни Вил. Па се још умешао и онај мрзовољни државни секретар Крстотел.

– Виле – сад је могао свог шефа да ослови присније јер су били сами – ноћас сам звао Београд. Два сата смо претресали ситуацију, амбасадор и шеф ЦИА-е тамо. Они знају, готово све знају, али ће испитати ствар до детаља. Највише за пар дана имаћемо комплетан извештај. Шта је то пронађено у том Домaнграду, колики је потенцијал српских нафтоносних поља, колико су нам Срби заиста наклоњени... Испитаће све, до танчина. У детаље. Ми тамо имамо способне људе. Молим те да ми верујеш. А посебно због следеће чињенице: и код њих предстоје избори. Комунисти, сада прерушени, на челу с њиховим Вођом, по сваку цену настоје да задрже неограничену власт. Опозиција им је разједињена и неспособна, па лако излазе накрај с њом. Комунисти су, као што и сам знаш, у стању све да учине у борби за власт. И све да смисле. Питам се, а то себе питају и наши људи у Београду, није ли и тај Домaнград само изборни трик комуниста. Зато те молим, преклињем, да одложиш свој пут у Београд бар за неколико дана. А онда, ако се покаже да је тако како је, ја ћу први одлетети у Београд да ти уговорим посету.

Државни секретар је уложио невиђену упорност како би одвратио Председника од његовог наума и тако спасао своју дипломатију и свој образ. Тог часа био је у стању и да баци атомску бомбу на Београд само да спречи свога шефа да отпутује тамо и тиме њега понизи. Његово рошаво, рељефно лице, налик на месечев пејзаж, изражавало је невиђену сујету.

На Председника, међутим, нису пресудно утицала Крстотелова убеђивања да одложи пут у Београд. Још док је долазио у свој радни кабинет, био је поколебан. Те ноћи пробдео је пар сати са својом Милери, претресли су до танчина све аспекте једног таквог путовања. Негде пред зору су закључили да ствар ипак треба да преспава. Ако га је испрва Милери потпалила, сад му је стављала хладне облоге. Мало више података из амбасаде у Београду неће бити наодмет. Најзад, два-три дана раније или касније, неће ништа суштински променити.

Протекла су та два-три дана и Вил Шрафтон почео је да се хлади. Кад је прошла цела недеља, већ је био сасвим хладан и трезвен. Почео је све озбиљније да се пита да ли би одлазак у Београд допринео његовом реизбору. Почео је поново да се консултује са својим саветницима и они су му указивали да амерички народ у овом часу његово приближавање Београду не би схватио. Превише су ти Срби сатанизовани да би се за ово кратко време до избора успела да промени слика о њима, да од лоших момака постану добри.

Најзад, почетком наредне недеље Председник је само накратко свратио у свој кабинет како би саопштио да наставља одмор на свом имању у Калифорнији. Пут у Београд није ни поменуо. У глави је већ имао другачију одлуку: покушаће да добије изборе без помоћи Београда. Штавише, још чвршћим ставом према Београду. Српску економску и војну снагу, дијаманте и нафту – све ће то бацити у запећак, не упуштајући се сада у то шта је право, шта лажно. Важно је освојити још један мандат, а онда ће видети хоће ли или неће мењати став према Србима.

22.

Сам притиснут од Председника, државни секретар Барен Крстотел је добрано притиснуо своје људе у Београду. И само што се Вил Шрафтон опустио на свом имању, а већ му је он долетео са спасоносним открићем. Нису честито ни сели на тераси виле, а већ је почео хвалисаво да реферише:

– Виле, имам изврсне вести за тебе из Београда!

– Најзад да и отуд стигне нека добра вест – нашали се видно опуштени Председник. – Да нису Срби одлучили да клекну преда мном?

– Није то, Виле, већ нешто сасвим друго, али једнако вредно.

– Па, реци једном, Барене, што ми околишиш као киша око Кливланда!

– Открили смо, Виле, тајну како је српски Вођа завео свој народ да га слепо следи и у ватру и у воду, што се каже.

– То је хепи вест! – ускликну Председник и као дечарац поцупну на својој столици. – Како, леба ти, Барене?

– Штос је тако прост да ћеш се смејати кад га чујеш. Али кад упали, захвата као летњи пожар.

– Баш ме држиш у неизвесности, као Хичкок.

– Па ево. Кад је оно преузимао државно кормило, Он је својим Србима на једном митингу узвикнуо: „Нико не сме да вас бије!"

Вил гледа бело у Барена, па и овај за тренутак спласну.

– Не видим ту никакав штос – разочарано ће Председник. – Па те Србе данас сви бију: и они Кроати, и Муслимани, па Турци и Сенегалци из састава ОУН, да и не говоримо о томе колико пута смо их само ми потпрашили бомбама из ваздуха.

– Па у томе и јесте штос! – узвикну спечени Барен. – Сви их бију, а они и даље верују да их нико не бије, већ напротив, да само они побеђују! Да ли капираш, Виле?

– Помало, али још увек не могу да докучим у чему је штос – напрезао је Вил своју проседу дечарачку главу.

– Ствар је проста као пасуљ! Цака је у формули „Нико не сме да вас бије!" Она има магичну моћ. Људи су, Виле, као деца, вечито пате од комплекса оца, док су живи желе да их неко јак штити. И чим се нађе неко ко ће прихватити да игра улогу изгубљеног оца, обећа да ће их штитити, они крену за њим као стадо за овном предводником. Српски Вођа је преузео улогу Великог Тате и Срби су пошли за њим. Па куд Он, ту и они. У ватру и воду, у глад и беду, у мрак и смрт. Јер ти Срби су веома патријархалан народ, штавише атавистички, они су дубоко везани за своје очеве, за своје претке. И после пола миленијума од пораза у њиховом митском боју на Косову, они славе свог потученог цара Лазара као небесног победника и настављају да иду за њим!

– Богме, занимљиво – сложи се Председник. – И ти сад хоћеш да кажеш, Барене, колико те ја схватам, да Ми овде можемо да употребимо ту формулу српског Вође?

– И те како! – затитра месечев пејзаж на Бареновом лицу. – И Америма је потребан Велики Тата. Ми смо, са своје стране, пак, још млада нација, што ће рећи народ у доба детињства, а то је период кад се још младо биће поистовећује са својим оцем. Па ако се отац покаже јаким, обећа му да ће га штитити, да неће допустити да га ико бије...

– Јес-јес-јес! – поскочи опет Вил дечарачки са своје столице. – Све је у психологији! Ми ћемо применити ту формулу!

23.

Председник Вил Шрафтон је одлучио да „српску формулу" испроба на Југу, као и српски лидер. Изабрао је Далас, где амерички председници или губе главу, или стичу славу. Предизборни митинг ту је завршио покликом: „Нико не сме да бије Америке!" Море какве овације! Море какав френетичан аплауз! Море каква скандирања! Они око њега подигли су га на руке и носили кроз масу по целом даласком централном тргу. Вил се смешкао, смешио, смејао, од радости да се упишки. Па је ли то могуће, људи моји! – узвикивао је у себи; чудио се, дивио. Тако једноставна, тако проста изјава, а како страшно пали!

А шта се то врзмало у главама Амера? Најпре у Даласу, па широм Тексаса, па у читавим САД. Амери, пре свега, воле, обожавају јаке момке. А њихов Вил је показао да има муда. То што он не допушта да ико бије Амере, значи да и у њих улива чврстину. Онда јаки Амери могу да бију кога хоће по свету. Код њих је укорењен каубојски менталитет, закон Дивљег запада, где су били на цени момци који су без предрасуда потезали колтове и делили своју правду. Ако и до сада већ нису, Амери ће с таквим Вођом, с таквим Татом, с таквим Президентом убудуће засигурно постати светски каубоји.

24.

Само два дана након великог митинга, у понедељак рано изјутра, кроз Домановићград је протутњао конвој тешких камиона. Према казивању очевидаца, било их је шест. Прва три стигла су пред Фабрику накита, друга три у Рудник на Белим стенама. Увече се поново образовао исти конвој и вратио натраг. Камиони су носили регистрацију неког места са севера Србије.

Операцијом је, испоставило се, руководио директор Александар Спасић. Он се најпре појавио у Фабрици накита да објасни сврху конвоја. Било је то у часу кад су радници долазили на посао, на први радни дан након свечаног отварања *Алема*. Пошто је сачекао да се сви окупе, млађи Спасић је изишао испред хале и рекао:

– Поштовани сарадници, *Алем* до даљег неће радити, нећемо производити...

– Ооо, ааа, ууу...

Радницима су се отели разни узвици, који су изражавали разочарење, страх, негодовање. Али то њиховог директора није омело. Он је мирно наставио:

– Дозволите да вам објасним. Пре свега, нико неће изгубити радно место. Сви ћете бити на плаћеном одмору. Држава је за то обезбедила средства.

– Али, зашто! – зачу се ипак глас из масе.

– Зашто? Једноставно, док трају санкције, не можемо да радимо. Обећани страни капитал ће стићи тек кад се скине ембарго, па ћемо онда кренути у производњу пуном паром.

После тога, више ни негодовања, нити протеста није било. Радници су се помирили са судбином, као да превише нису ни веровали у обећану обнову; кад једном почне да бије малер, никад краја. Били су спремни да се мирно врате кућама, али их директор Спасић заустави:

– Данас ће ипак бити посла. Спаковаћете пажљиво све машине и потоварити у камионе. Носимо их на ремонт. Да се прегледају, поправе, заштите и тако спремно дочекају почетак рада. Као што видите, ми не губимо време.

Пошто је ту организовао посао с пословођама, директор Спасић се одвезао и у Рудник, где се одиграла готово идентична сцена.

После тога све је утихнуло и над Белим стенама поново је почео да кружи усамљени орао.

ЕПИЛОГ

Већ смо уобичајили да на крају наше домановић-градске хронике додајемо епилог. Па, ево шта је даље било.

Поново затворен, *Алем* је чекао скидање санкција и повратак својих машина да започне производњу. Међутим, шта се догодило с опремом, ни дан-данас није докучено. Постоје разне верзије. Према једној, машине су и даље на ремонту у некој радионици, али где се она налази, да ли у Нишу, Београду или на неком трећем месту, нико поуздано не зна. По другој верзији, конвој је прешао не само Ниш и Београд, него и границу. Притом, једни тврде да се упутио право у Минхен, у фабрику *Kurtz,* где ће сам произвођач машина обавити ремонт. Други, опет, уверавају да нема ни говора о томе, него да је конвој завршио негде у Мађарској, или чак у Хрватској, где су једноставно машине продате. Хрватска верзија као да је била уверљивија: Александар Спасић се још у Америци договорио с неким Хрватом о купопродаји опреме, па је потом дошао у Домановићград са циљем да то и оствари. Неверним Томама, на њихову тврдњу како је то немогуће пошто је, због сукоба, граница са Хрватском затворена, заговорници Хрватске верзије цинично узвраћају: кад је реч о бизнису, може се и кроз иглене уши.

Одмах после одласка конвоја, одлетели су у Америку и Саша и Слађа. Саша се овога пута лепо растао с Лизом. Притом су сачинили и свој план: да се она разведе, пола имовине која ће јој припасти прода и с новцем дође у Америку, где ће њих двоје, спајајући капитал, развити уносан посао. Наравно, са собом ће повести и њихову ћерку Златицу, којој ће пре тога открити ко јој је прави отац. План се, међутим, није остварио. Пошто је дотле неприкосновени домановићградски кадар Јездимир Зеленовић пензионисан, Златан Пришевић је постао министар у Београду. Лизи се, као пре ње Звездани, веома допала улога министарке, па је отишла с мужем у престоницу. Сам Језда се повукао у миран живот, али не и Звездана, која је наставила да се баћке с разним пословима. Како више није била министарка, и бизнис је јењавао, али већ је поседовала леп капитал, који је наставио да се оплођује.

Наш драги јунак Новица Спасић вратио се мирном пензионерском животу. Иако више није било опреме у погонима *Алема,* наставио је редовно да обилази и Фабрику накита, и Рудник на Белим стенама. Своје дане је проводио и на бувљаку, настављајући да нуди рукотворени накит. У своје каменчиће и реинкарнацију *Алема* никад није престао да верује.

БЕЛЕШКА О АУТОРУ

Момчило Стојановић рођен је 1938. године у Табановцу код Куманова. Студије југословенске и опште књижевности завршио је у Београду, где и сада живи. Уз књижевни рад, бавио се новинарством, писао новинске критике и радио као уредник у издаваштву.

До сада је објавио неколико прича и четири романа: *Ивицом пута* (Слово љубве, Београд, 1975), *Излизане гуме* (Народна књига и Запис, Београд, 1983), *Велика фешта* (Просвета, Београд и Младост, Загреб, 1988) и *Покровитељи* (Апостроф, Београд, 1995).

Нови роман, ОБНОВИТЕЉИ, надовезује се на претходни, *Покровитеље*, који је добио Домановићеву награду Удружења књижевника Србије за допринос савременој сатири у оквиру романа.

Аутор фотографије
ВЛАДИМИР СТОЈАНОВИЋ

Момчило Стојановић
ОБНОВИТЕЉИ

*

Главни уредник
ЈОВИЦА АЋИН

*

Рецензент
РАСТКО ЗАКИЋ

*

Лектор
МИЛАДИН ЂУЛАФИЋ

*

Технички уредник
ДУШАН ВУЈИЋ

*

Коректори
НАДА ГАЈИЋ
МИРОСЛАВА СТОЈКОВИЋ

*

Издавач
И. П. РАД, д. д.
Београд, Моше Пијаде 12

*

За издавача
ЗОРАН ВУЧИЋ

*

Припрема текста
Графички студио РАД

*

Штампа
Codex Comerce
Београд

CIP – Каталогизација у публикацији
Народна библиотека Србије, Београд

886.1-31
СТОЈАНОВИЋ, Момчило
  Обновитељи : роман / Момчило Стојановић.
– Београд : Рад, 1997 (Београд : Codex Comerce).
– 199 стр. : слика аутора ; 20 cm. – (Знакови поред пута)

Белешка о аутору: стр. 193.
ISBN 86-09-00485-6
ИД=55503116

Спонзори

ДНЕВНИ ТЕЛЕГРАФ
Београд

ДАМА ПРИНТ
Београд

www.ingramcontent.com/pod-product-compliance
Lightning Source LLC
Chambersburg PA
CBHW071706090426
42738CB00009B/1689